Die Texte für dieses Buch sind ausgesuchte Transkripte aus verschiedenen Diskurs-Serien die Osho vor einer internationalen Zuhörerschaft gehalten hat. Alle Osho Diskurse sind als Originale publiziert worden und als Original-Audios erhältlich. Audios und das vollständige Text-Archiv finden sie unter der online Bibliothek „Osho Library" bei www.osho.com

MIX
Papier aus verantwor-
tungsvollen Quellen
FSC® C083411
FSC www.fsc.org

8. Auflage 2024
Umschlaggestaltung: Bunda S. Watermeier, www.watermeier.net
Übersetzung: Anand Tushir
Copyright © 2004 Osho International Foundation, Switzerland
All Rights Reserved, www.osho.com.
OSHO is a registered trademark of Osho International Foundation, used under license
Copyright © 2004 Innenwelt Verlag GmbH, Köln
Alle Rechte vorbehalten

Druck: CPI books, Leck
Printed in Germany
ISBN 978-3-936360-76-9

OSHO

Vom Stress zur Entspannung

Die kleine Reihe

innenwelt verlag

Inhalt

Beginne mit dem Körper

Das ist der Moment, da du zum Buddha wirst, der Moment der Erkenntnis, der Erleuchtung, des Christusbewusstseins. Im Augenblick kannst du noch nicht total entspannt sein; im innersten Kern wird eine Spannung bestehen bleiben. Also fange an, dich zu entspannen. Beginne bei der Peripherie – dort bist du, und du kannst nur dort anfangen, wo du bist. Entspanne die Peripherie deines Daseins: Entspanne deinen Körper, verhalte dich entspannt, handle entspannt. Gehe entspannter, iss entspannter, sprich und höre entspannter zu.

Verlangsame jeden Prozess. Habe es nicht eilig, überstürze nichts. Bewege dich so, als hättest du die ganze Ewigkeit zur Verfügung – sie steht dir tatsächlich zur Verfügung!

Wir sind seit Urbeginn hier und werden bis ans Ende hier sein, sofern es denn einen Anfang und ein Ende gibt. In Wirklichkeit gibt es keinen Anfang und kein Ende. Wir sind immer hier gewesen und werden immer hier sein. Die Formen ändern sich ständig, aber nicht die Substanz; die Kleider ändern sich, aber nicht die Seele. Spannung heißt Hast, Angst und Zweifel. Spannung heißt ständige Anstrengung, um sich zu schützen, um sicher zu sein, um unangreifbar zu sein.

Spannung heißt, sich jetzt schon auf morgen einzustellen oder auf die Zeit danach – aus Angst, morgen vielleicht nicht in der Lage zu sein, mit der Wirklichkeit fertig zu werden, und sich deshalb besser schon jetzt darauf vorzubereiten. Spannung heißt Vergangenheit. Du hast nicht wirklich gelebt, sondern dich nur irgendwie durchgeschlagen; das lässt dich nicht los, es bleibt an dir hängen. Das ist etwas sehr Fundamentales im Leben.

Jede Erfahrung, die nicht gelebt wurde, bleibt an dir hängen, fordert dich auf: „Führe mich zu Ende. Lebe mich. Erfülle mich!" Jede Erfahrung neigt wesensgemäß zu dem Wunsch, zu Ende geführt, erfüllt zu werden. Ist sie vervollständigt, so verflüchtigt sie sich; ist sie nicht abgeschlossen, bleibt sie dir auf den Fersen, quält dich, verfolgt dich bis in deine Träume, erheischt deine Aufmerksamkeit. Deine ganze Vergangenheit hängt noch an dir. Nichts ist komplett, weil nichts wirklich gelebt, weil alles irgendwie umgangen wurde – nur halbherzig, nur so lala, lauwarm, ohne Intensität, ohne Leidenschaft. Du bist herumgelaufen wie ein Schlafwandler. Das Vergangene also bleibt hängen, und die Zukunft erzeugt Angst. Und eingeklemmt zwischen deiner Vergangenheit und deiner Zukunft ist deine Gegenwart die einzige Realität.

Du wirst dich von der Peripherie her entspannen müssen. Der erste Schritt beim Entspannen ist der Körper. Denke so oft wie nur möglich daran, in den Körper hineinzuspüren, ob du irgendwo eine gewisse Spannung mitschleppst – im Nacken, im Kopf, in den Beinen … Entspanne dich bewusst.

Gehe zu diesem Körperteil hin und überrede ihn, bitte ihn liebevoll, sich zu entspannen. Und du wirst überrascht sein: Du kannst jeden Teil deines Körpers ansprechen, und er wird zuhören, er wird auf dich hören – es ist dein Körper! Gehe mit geschlossenen Augen ins Innere deines Körpers, von den Zehen bis zum Kopf, und suche nach irgendeiner Stelle, an der du verspannt bist. Und dann sprich zu diesem Körperteil, wie du zu einem Freund sprichst; lass es zu einem Dialog zwischen dir und deinem Körper kommen. Sage ihm, er möge sich doch entspannen. Sage ihm: „Du brauchst vor nichts Angst zu haben. Habe keine Angst. Ich bin hier und werde mich um alles kümmern. Du kannst dich entspannen." Langsam, ganz langsam wirst du den Dreh finden. Dann entspannt sich der Körper.

Und dann tue den nächsten Schritt, gehe ein wenig tiefer: Sage dem Verstand, er möge sich entspannen. Und wenn der Körper zuhört, hört auch der Verstand zu. Doch du kannst nicht beim Verstand anfangen, du musst beim Anfang anfangen. Du kannst nicht mittendrin anfangen. Viele Menschen beginnen sogleich beim Verstand, und dann scheitern sie. Sie scheitern, weil sie an der falschen Stelle begonnen haben. Alles muss in der richtigen Reihenfolge geschehen.

Wenn es dir gelingt, den Körper willentlich zu entspannen, dann wirst du auch in der Lage sein, den Verstand willentlich zu entspannen. Der Verstand ist ein komplizierteres Phänomen. Sobald du dir sicher bist, dass der

Körper auf dich hört, wirst du ein neues Vertrauen in dich haben. Jetzt kann sogar der Verstand auf dich hören. Beim Verstand wird es ein wenig länger dauern, aber mit der Zeit lässt auch hier die Spannung nach.

Wenn der Verstand entspannt ist, dann beginne dein Herz zu entspannen – die Welt deiner Gefühle und Emotionen, die sogar noch komplexer, noch subtiler ist. Doch jetzt wirst du die Sache mit Vertrauen angehen, mit einem großen Vertrauen in dich selbst. Jetzt wirst du wissen, dass es möglich ist. Wenn es beim Körper möglich ist und beim Verstand möglich ist, ist es auch beim Herzen möglich. Und erst, wenn du diese drei Schritte hinter dir hast, kannst du den vierten tun: Jetzt kannst du in den innersten Kern deines Seins hineingehen, der jenseits von Körper, Verstand und Herz ist, im innersten Zentrum deiner Existenz, und wirst in der Lage sein, auch dieses zu entspannen. Und diese Entspannung wird dir die größtmögliche Freude, das Höchste aus Ekstase und Hingabe schenken. Du wirst voller Jubel und Wonne sein, dein Leben wird zum Tanz.

Die ganze Existenz ist ein Tanz, ausgenommen der Mensch. Die gesamte Existenz bewegt sich sehr entspannt; Bewegung ist da, gewiss, aber sie ist absolut entspannt. Bäume wachsen und Vögel zwitschern und Flüsse strömen und Sterne wandern – alles geht seinen völlig entspannten Gang, ohne Eile, ohne Hetze, ohne Sorge und ohne Vergeudung – ausgenommen der Mensch. Der Mensch ist seinem Verstand zum Opfer gefallen. Er kann sich über die Götter erheben und unter die Tiere fallen. Er umfasst ein großes Spektrum, vom Niedrigsten bis zum Höchsten. Der Mensch ist eine Leiter.

Beginne beim Körper, und gehe dann langsam, langsam tiefer. Arbeite zuerst am Körper. Und schon die kleinsten Dinge können eine enorme Hilfe sein. Du hast beim Gehen ein bestimmtes Tempo, das dir zur Gewohnheit geworden ist, das du automatisiert hast. Versuche ab jetzt, langsam zu gehen.

Buddha sagte immer zu seinen Jüngern: „Geht ganz langsam und tut jeden Schritt sehr bewusst." Wenn du jeden Schritt sehr bewusst tust, musst du notgedrungen langsam gehen. Wenn du rennst und hetzt, wirst du vergessen daran zu denken. Darum geht Buddha so langsam. Versuche einmal, ganz langsam zu gehen, und du wirst überrascht sein: Eine neue Qualität von Bewusstheit stellt sich allmählich im Körper ein. Iss langsam, und du wirst überrascht sein: Eine große Entspannung kommt über dich. Tue alles langsam, um die alten Muster zu brechen, um alte Gewohnheiten abzulegen.

Zuerst muss dein Körper so entspannt sein, wie bei einem kleinen Kind. Danach kannst du allmählich mit dem Verstand anfangen. Gehe wissenschaftlich vor: zuerst das Einfache, dann das Komplexe, darauf das noch Komplexere. Und nur dann kannst du dich auch im innersten Kern entspannen. Entspannung ist eines der komplexesten Phänomene überhaupt – sehr reich, multidimensional.

Vieles gehört dazu: Loslassen, Vertrauen, Hingabe, Liebe, Akzeptieren, sich dem Fluss überantworten, sich mit der Existenz vereinigen, Egolosigkeit, Ekstase. All das gehört dazu, und all das wird geschehen, wenn du lernst, wie man sich entspannt.

FÜHLST DU DICH WOHL IN DEINER HAUT?

Die Menschen haben sich eine äußerst seltsame Situation geschaffen: Keiner fühlt sich richtig wohl in seiner Haut. Keiner kann sich entspannen, denn sobald man sich entspannt, ist man mit sich selbst konfrontiert. Entspannung wirkt wie ein Spiegel, aber ihr wollt euer Gesicht nicht sehen, weil ihr euch zu sehr von den verurteilenden Meinungen anderer Leute habt beeindrucken lassen.

FAST ALLE RENNEN VOR SICH SELBST DAVON...

... so schnell sie können. Das Dumme daran ist, dass du nicht vor dir selbst wegrennen kannst. Wo du auch hingehst, bist du selbst. Dahinter steht die Angst, sich zu kennen. Es ist die größte Angst auf der Welt. Weil ihr

immer wieder für jede Kleinigkeit, für den kleinsten
Fehler, der doch völlig menschlich war, von Grund auf
verurteilt wurdet, habt ihr Angst vor euch selbst bekommen. Ihr wisst, dass ihr nichts wert seid.

Diese Vorstellung, dass ihr nichtswürdig seid, dass ihr
völlig wertlos seid, ist tief in euer Unbewusstes
gesunken. Natürlich ist es da am besten, vor sich selbst
zu fliehen. Alle tun das auf ganz verschiedene Art: Die
einen rennen dem Geld nach, die anderen der Macht,
einige streben nach Prestige, andere nach Tugend und
Heiligkeit. Doch wenn ihr genau hinschaut, rennen sie
nicht hinter etwas her, sondern vor etwas davon. Wie
irre dem Geld nachzulaufen ist nur eine Ausrede.
Damit täuscht man sich selbst und auch alle andern. In
Wirklichkeit liefert das Geld nur einen guten Vorwand, und es verschleiert die Tatsache, dass man vor
sich selber wegläuft.

Wenn du Geld scheffelst, kommst du deshalb früher
oder später an einen Punkt, wo du eine ungeheure Ver-
zweiflung und Angst in dir verspürst. Was ist geschehen? Es war doch dein Ziel, und jetzt hast du es endlich
erreicht – solltest du dich da nicht überglücklich fühlen? Doch wer dieses Ziel erreicht hat, zählt nicht zu
den Glücklichen dieser Welt, sondern zu den Elendsten.
Was quält ihn so? Quälend ist, dass die ganze Mühe
umsonst war. Jetzt kannst du nicht mehr hinterher-
laufen, und plötzlich begegnest du dir selber.

Auf dem Gipfel des Erfolgs begegnest du einzig und allein dir selbst. Seltsamerweise ist das der Mensch, vor dem du weggerannt bist. Du kannst nicht vor dir weglaufen!

SPANNUNGEN SIND UNSERE GÄSTE ...

... wir haben sie eingeladen, Entspannung ist unsere wahre Natur. Wir brauchen sie nicht einzuladen. Ihr braucht euch nicht zu entspannen. Ihr müsst bloß aufhören, Spannungen einzuladen, und die Entspannung folgt wie von selbst. Euer innerstes Wesen, jede Faser, jede Zelle eures Wesens wird entspannt sein. Diese Entspannung ist der Beginn von Meditation.

MENTALER STRESS

Der mentale Stress und die Anspannung, unter denen der Westen heute leidet, ist die direkte Folge von zu viel Denken. Die Beängstigung und Besorgnis im Westen rührt von einem Denken her, das bis ins Extrem getrieben wird. Ihr leidet unter der erdrückenden Last des Verstandes, und dagegen lehnt sich die junge Generation auf. Und wenn eine ganze Generation rebelliert, findet sie dafür natürlich die verschiedensten Ausdrucksformen. Auf ihrer Reise ins „Undenkbare" singen die einen „Hare Krishna, Hare Rama", andere nehmen Drogen wie LSD und Meskalin. Jetzt reisen dieselben Leute quer durch Indien und durchstreifen den Himalaja, oder sie gehen nach Japan und lassen sich in den dortigen Zen-Klöstern nieder, auf der Suche nach dem Undenkbaren, *Achintya*. Die Suche ist überall dieselbe.

KONZENTRATION IST ANSPANNUNG

Das englische Wort *„attention"* kommt von *„tension"*, von Spannung. Bewusstheit ist nicht Anspannung, Bewusstheit ist Entspannung, ist Ruhe.

STRESS, PROBLEME UND DIE DROGEN

Wenn man sich gestresst und angespannt fühlt, beginnt man Drogen zu nehmen. Das war schon immer so. Drogen erzeugen eine Art zeitweilige Verrücktheit. Mit Verrücktheit meine ich, dass man auf eine Ebene unterhalb des rationalen Verstandes fällt, denn nur das rationale Denken kann sich der Probleme bewusst sein. Es kennt keine Lösungen, es kennt nur Probleme. Wenn deine Probleme also leicht zu bewältigen sind und du mit ihnen leben kannst, bleibst du geistig gesund. Wenn du merkst, dass es dir zu viel wird, wirst du verrückt. Geistesgestörtheit ist ein eingebauter Mechanismus, um

Probleme, Tatsachen, Ängste und Stresssituationen zu vermeiden.

Wenn du zu sehr im Stress bist, neigst du dazu, kindisch zu werden, in deine Kindheit zurückzufallen. Wenn ein junger Mensch zu viel Stress spürt, beginnt er zu regredieren; er wird wieder zum Kind. Er verhält sich kindisch, er kriegt infantile Wutanfälle, er schreit herum, er weint, er wird unlogisch. Stress bringt ihn auf den Gedanken: „Geh' zurück in deine Kindheit. Sie war so golden, sie war das Paradies. Geh' zurück!" Doch was vorbei ist, ist vorbei. Man kann nie zurückgehen.

WAS IST ÜBERSPANNTHEIT?

Überspanntheit ist ein Geisteszustand, bei dem du zu sehr auf den Verstand eingestellt bist und deine Gefühle vergessen hast. Überspanntheit entspringt einem Ungleichgewicht. Der Grund für jede Überspanntheit liegt darin, dass man zu viel Vertrauen in logisches Denken setzt. Menschen, die zu sehr im Kopf leben, werden überspannt.

Entspannung kommt aus dem Herzen. Ihr solltet euch mühelos vom Kopf ins Herz bewegen können, genauso wie einer, der von zu Hause weggeht und wieder zurückkkehrt. Ihr solltet frei zwischen Kopf und Herz hin- und herfließen können. Dies sind die zwei Ufer des Flusses, der ihr seid. Klammert euch nicht am einen Ufer fest, sonst wird das Leben einseitig.

Der Westen leidet sehr stark an Überspannungen, denn er hat die Sprache des Herzens vergessen, und nur das Herz weiß, wie man sich entspannt. Nur das Herz weiß zu lieben, nur das Herz weiß zu genießen und zu feiern. Nur das Herz weiß zu tanzen und zu singen. Der Kopf weiß nichts vom Tanzen, der Kopf findet Tanzen dumm. Der Kopf weiß nichts von Poesie, der Kopf verurteilt Poesie.

Wisst ihr, dass einer der größten Philosophen, Plato, die Dichter von seiner utopischen Republik ausschließen wollte? In seiner Republik, in seinem Idealbild der Gesellschaft ist für Dichter kein Platz. Warum? Weil er Angst vor den Dichtern hat. Er sagt: „Dichter bringen Fantasien, Dichter bringen Träume, Dichter bringen Verwirrung und Mystik in die Welt, und das ist hier unerwünscht. Wir wollen eine genau definierte, logische, prosaische Gesellschaft." Diese Gesellschaft wird völlig überspannt sein, alle werden neurotisch.

In Platos Republik – falls sie je verwirklicht wird, was längerfristig leider zu befürchten ist – werden alle Menschen Neurotiker, und jeder wird ständig in Kontakt mit seinem Psychoanalytiker sein, egal wo er sich befindet. Das beginnt sich im Westen bereits abzuzeichnen.

Entspannung und der liebe Alltag

Die neue Generation leistet euch überall in der Welt einen großen Dienst, weil sie aufzeigt, wie idiotisch eure so genannte Erziehung ist. Nicht zufällig werden Jugendliche, die Drogen nehmen, fast immer Aussteiger und verschwinden von den Universitäten und höheren Schulen. Das ist kein Zufall, es ist ein Teil derselben Revolte. Und sobald jemand Gefallen an Drogen gefunden hat, wird es sehr schwierig für ihn, davon wegzukommen. Mit Drogen kann man nur aufhören, wenn bessere Mittel gefunden werden, die deine poetische Seite zum Klingen bringen. Meditation ist ein besseres Mittel, weniger zerstörerisch, weniger schädlich als irgendeine Chemikalie. In Wahrheit ist sie überhaupt nicht schädlich, sondern sehr segensreich.

Meditation bewirkt dasselbe: Sie verlagert deine Hirntätigkeit von der linken auf die rechte Hemisphäre. Sie setzt deine innere Befähigung zur Kreativität frei. Das Drogenelend in der Welt kann nur durch eines verhindert werden: durch Meditation. Anders geht es nicht. Wenn sich Meditation immer mehr verbreitet und mehr und mehr Einzug im Leben der Menschen findet, werden die Drogen verschwinden. Die Erziehung darf sich nicht mehr so ausschließlich gegen die rechte Hemisphäre und ihre Funktionen richten.

Wir müssen Kindern vermitteln, dass beide Hirnhälften ihren Platz haben. Wir müssen ihnen zeigen, wie beide am sinnvollsten verwendet werden und wann welche gebraucht wird. Es gibt Situationen, wo nur die linke Hemisphäre benötigt wird – beim Kalkulieren im Alltag, auf dem Markt, im Geschäft – und es gibt Zeiten, da du die rechte Hemisphäre brauchst.

Aber vergiss nie, dass es letztlich um die rechte Hemisphäre geht und die linke nur Mittel zum Zweck ist. Die linke muss der rechten dienen, die rechte ist der Meister. Du verdienst nur Geld, weil du das Leben genießen und es feiern möchtest. Du willst letzten Endes nur etwas auf deinem Bankkonto haben, um zu leben und zu lieben. Du arbeitest nur, damit du spielen kannst – Spielen bleibt dein Ziel. Du arbeitest nur, damit du dich entspannen kannst.

Entspannung bleibt das Ziel, Arbeit ist nicht das Ziel. Das Arbeitsethos ist ein Überbleibsel aus der Vergangenheit. Es muss verschwinden. Und die Welt der Erziehung muss eine wahre Revolution durchlaufen. Niemand darf zu etwas gezwungen werden. Kinder sollten nicht in immer wiederkehrende Muster gezwängt werden.

Wie funktioniert denn eigentlich eure Erziehung? Habt ihr je genau hingeschaut? Habt ihr euch je Gedanken darüber gemacht? Sie ist nichts als Gedächtnisschulung. Sie macht euch nicht intelligent, sie raubt euch im Gegenteil immer mehr von eurer Intelligenz. Ihr werdet immer dümmer.

Jedes Kind tritt voller Intelligenz in die Schule ein, doch es kommt nur sehr, sehr selten vor, dass jemand die Universität abschließt und sich seine Intelligenz bewahrt hat. Die Universität schafft es fast immer, sie vollends zu verkrüppeln. Sicher, ihr erwerbt euch einen akademischen Grad, doch zu welchem Preis? Ihr habt eure Intelligenz verloren, ihr habt eure Freude verloren, ihr habt das Leben verloren, denn eure rechte Hemisphäre funktioniert nicht mehr. Und was habt ihr dafür gelernt? Information! Euer Kopf ist voll von gespeicherten Daten. Ihr könnt sie abrufen, ihr könnt sie reproduzieren – nur darum geht es bei euren Examen. Man hält euch für hochintelligent, wenn ihr wieder ausspucken könnt, was man in euch hineingestopft hat. Zuerst zwingt man euch, mehr und mehr hinunterzuwürgen, und in den Prüfungsbögen sollt ihr alles wieder erbrechen. Wenn ihr effizient erbrechen könnt, geltet ihr als intelligent.

Vergesst nicht, dass man etwas nur erbrechen kann, wenn es noch nicht verdaut wurde. Hat man etwas verdaut, kann man es nicht mehr erbrechen, es hat sich aufgelöst. Ihr müsst das Gelernte also unten im Magen behalten, ohne es zu verdauen, dann geltet ihr als sehr, sehr intelligent. Die Dümmsten gelten als die Intelligentesten. Das ist ein sehr trauriges Kapitel. Ein intelligenter Mensch passt vielleicht nicht in das Raster.

DUMMKÖPFE WERDEN NIE VERRÜCKT

Je intelligenter jemand ist, desto eher kann er wahnsinnig werden, weil er so viel gedanklichen Stress, so viel Anspannung, so viel Besorgnis mit sich herumträgt. Ein Dummkopf lebt einfach vor sich hin – ohne Besorgnis, ohne Anspannung, ohne Stress. Er lebt ein sehr gewöhnliches, einfaches Leben ohne große Komplexität. Dummköpfe werden also nie wahnsinnig. Die Gesellschaft verwandelt intelligente Menschen in Idioten und zwingt sie dazu, so idiotisch zu leben, dass sie nicht wahnsinnig werden können. Dann sind sie nicht gefährlich und die Gesellschaft fühlt sich sicher.

EINE GESELLSCHAFT VON WORKAHOLICS

Die ganze Gesellschaft ist auf Arbeit ausgerichtet Es ist eine Gesellschaft von Workaholics. Sie will dir nicht Entspannung beibringen. Deshalb stopft sie dir den Kopf seit frühester Kindheit mit Ideologien voll, die sich gegen Entspannung wenden. Ich sage nicht, ihr sollt euch den ganzen Tag entspannen. Macht eure Arbeit, aber findet etwas Zeit für euch selbst, und die kann nur in einem entspannten Zustand gefunden werden.

Wenn ihr euch eine oder zwei von vierundzwanzig Stunden entspannen könnt, werdet ihr feststellen, dass es euch tiefe Einblicke in euch selbst gewährt. Es wird euer Verhalten nach außen verändern – ihr werdet ruhiger, stiller. Es wird die Qualität eurer Arbeit verändern – sie wird kunstvoller und anmutiger ausfallen. Ihr werdet weniger Fehler machen als üblich, denn jetzt seid ihr mehr gesammelt und zentriert. Entspannung birgt wundersame Kräfte. Aber sie hat nichts mit Faulheit gemein.

WANN IST ARBEIT KREATIV?

Viele Leute arbeiten und arbeiten ihr Leben lang, und eines Tages sterben sie daran, dass ihre Arbeit nicht kreativ ist. Wann ist Arbeit kreativ? Arbeit ist kreativ, wenn du sie liebst; Arbeit ist kreativ, wenn du in Einklang mit ihr bist; Arbeit ist kreativ, wenn sie dir Spaß macht; Arbeit ist kreativ, wenn du sie dir selbst auswählst, wenn sie zu deinem Wesen passt und eine große Harmonie zwischen dir und deiner Arbeit besteht.

Sobald das so ist, wird alles kreativ, was du tust. Und wenn du dich nach einem schöpferischen Augenblick entspannen kannst, ist diese Entspannung verdient. Gott hat sich am siebten Tag eine Ruhepause verdient. Sechs Tage arbeitete er hart, er erschuf die ganze Welt. Die Ruhepause am siebten Tag hat er sich wirklich verdient. Das ist die eigentliche Bedeutung dieser Parabel.

HERZ UND INTELLEKT

Wo kein Herz ist, sondern nur Intellekt, kannst du nie entspannen. Entspannung bedeutet, dass die gleiche innere Energie auf anderer Ebene arbeitet. Entspannung bedeutet nie Nicht-Arbeit, sondern Arbeit in einer anderen Dimension. Die überbeanspruchte Dimension erholt sich dann. Wer sich ständig intellektuell betätigt, entspannt sich nie. Er lenkt seine Energie auf keine andere Ebene, seine Psyche verfolgt unnötigerweise immer die gleiche Richtung. Das Resultat ist Langeweile. Ein Gedanke jagt den anderen; die Energie wird verpufft und verschwendet. Du kannst sie nicht genießen – im Gegenteil, du bist enttäuscht und hast diese unnötige Belastung satt. Aber die Schuld liegt nicht beim Verstand oder Intellekt. Du kennst nur keine Alternative, du weißt keinen anderen Weg für deine Energie, und so kreist und kreist sie in dir.

EIN EHRGEIZIGER KOPF KANN NICHT MEDITIEREN

Ehrgeiz ist nützlich, um die Welt zu kontrollieren, um die Gesellschaft zu kontrollieren. Ein Politiker kann nicht meditieren. Unmöglich! Noch unmöglicher als ein Geschäftsmann. Der Politiker ist so weit davon entfernt wie nur möglich. Für ihn ist Meditation ein Ding der Unmöglichkeit. Hin und wieder kommen Politiker hierher. Sie interessieren sich für Meditation, aber eigentlich doch nicht für Meditation – sie sind verspannt und möchten gern etwas zur Entspannung. Sie kommen zu mir und fragen, ob ich ihnen helfen kann, weil sie so verspannt sind. Ihre Arbeit bringt dauernd Konflikte mit sich, es ist eine gnadenlose Hetzjagd, bei der jeder jedem eins auszuwischen versucht. Sie bitten mich um ein Mittel für etwas Frieden. Ich sage ihnen immer, das sei unmöglich. Sie können nicht meditieren.

Ein ehrgeiziger Kopf kann nicht meditieren, denn Meditation setzt voraus, frei von Ehrgeiz zu sein. Ehrgeiz bedeutet, sich zu bemühen, andere zu kontrollieren. Genau darum geht es bei der Politik: um das Bemühen, über die ganze Welt zu bestimmen. Wenn du andere beherrschen willst, musst du auf deinen Kopf hören, denn der Kopf liebt Gewalt.

MACHT, GELD UND HOFFNUNG

Wenn du genau hinschaust, merkst du, dass dich weder Geld noch Macht noch Ansehen befriedigen können. Im Gegenteil, du wirst noch unzufriedener. Wieso das? Als du arm warst, bestand die Hoffnung, dass du eines Tages das große Geld machen könntest und alles in Butter wäre, auf immer und ewig, und dass du dich daraufhin endlich entspannen und das Leben genießen würdest. Das Geld ist jetzt da, aber noch ist kein Anzeichen von Entspannung in Sicht. In Wirklichkeit bist du verspannter als je zuvor, quälen dich mehr Sorgen als je zuvor. Geld hat dir ein paar Segnungen gebracht, aber im selben Maß ist es auch zum Fluch geworden.

Du magst ein größeres Haus haben, doch dafür hast du jetzt weniger Frieden. Du magst ein dickeres Bankkonto haben, doch dafür haben jetzt auch der Irrsinn, die Besorgnis, die Neurosen und Psychosen zugenommen. Geld hat dir ein paar Annehmlichkeiten verschafft, doch es hat auch viel Unheil nach sich gezogen.

Wenn du dir das alles vor Augen hältst, war dein ganzes Bemühen die reinste Verschwendung. Und jetzt bleibt dir nicht einmal mehr die Hoffnung des armen Mannes. Ein Reicher wird hoffnungslos. Er weiß jetzt, dass sich das Geld vermehrt, aber sonst geschieht nichts – nur der Tod, allein der Tod. Er hat vieles gekostet, jetzt schmeckt ihm nichts mehr. Es ist bereits so etwas wie ein Tod eingetreten, denn er kann sich nicht vorstellen, wie sich sein Drang nach Ausweitung erfüllen ließe.

Begehren ist an sich nichts Falsches. Wer nach Geld, nach Macht oder nach Ansehen drängt, hat sich bloß die falschen Objekte für das Wünschen gewählt. Sei dir dessen bewusst! Falsche Objekte für das Wünschen machen das Wünschen an sich noch nicht zu etwas Falschem. Du magst ein Schwert haben und jemand damit töten, das macht aus dem Schwert nicht etwas Falsches – du kannst mit demselben Schwert auch jemand retten. Gift kann töten, Gift kann auch Arznei sein. In den richtigen Händen ist Gift Nektar; in den falschen Händen ist

Nektar Gift. Das ist die grundlegende Weisheit aller Buddhas seit Menschengedenken. Was die Priester sagen ist eins, was die Buddhas der Welt gebracht haben, ist etwas völlig anderes – das genaue Gegenteil.

ANGST VOR ENTSPANNUNG

In dir hat sich so viel Aggression angesammelt, dass sie dir nicht mehr erlaubt, dich zu entspannen. Tief in dir drin hast du Angst vor Entspannung, deshalb darfst du sie nicht zulassen. In dem Augenblick, in dem du dich entspannst, wird all der unterdrückte Irrsinn zum Vorschein kommen. Du bist so voll davon, dass er zwangsläufig zum Vorschein kommen und über-schwappen muss, wenn du dich entspannst. Du hast Angst. Diese Angst erzeugt einen Schutz, einen Abwehrmechanismus. Du baust einen Schutzwall um deine Repressionen, und dieser Zustand erlaubt dir nicht, dich zu entspannen. Und wie kannst du dich hin-geben, wenn du dich nicht entspannen kannst?

Hingabe ist absolute Entspannung. Du verschmilzt so sehr mit dem Universum, dass du nicht mehr das Gefühl hast, „du" seiest; du fühlst das Sein des Univer-sums, das Sein der Existenz. Du bist so entspannt, dass du keine Grenze mehr zwischen dir und dem Univer-sum fühlst. Es gibt keine Trennung mehr in dir. Wenn du angespannt bist, bist du geteilt. Wenn du entspannt bist, bist du ungeteilt, bist du eins. Hingabe ist tiefe Entspannung, absolute Entspannung.

Solange du dich nicht von allem befreist, was ein Teil von dir geworden ist, ein Teil deines Verstandes, kannst du dich nicht entspannen und dich nicht hingeben. Und wenn du dich nicht entspannen kannst, kannst du nicht an der Existenz teilhaben.

Teilhaben ist Glückseligkeit. Das ganze Universum feiert, es feiert jeden Augenblick. Es ist eine große Feier, ein immer während es Fest, nur wir nehmen nicht daran teil. Wir haben uns losgelöst und sind unglücklich. Unser Denken hat uns entfremdet.

Die Blumen nehmen an der Feier teil, der Mond nimmt teil, die Sterne nehmen teil, die Erde nimmt teil, die Ozeane nehmen teil, die Luft, die Wolken – alles nimmt teil an der fortwährenden, ewigen Feier. Nur der Mensch ist ein Außenseiter geworden, und zwar aus eigenem Antrieb. Er hat sich von sich aus von der Existenz getrennt.

KINDER SIND ENTSPANNT...

Kinder kommen mit einer angeborenen, intuitiven Begabung zum Loslassen zur Welt. Sie sind völlig entspannt. Deshalb sind alle Kinder so schön. Habt ihr je darüber nachgedacht? Alle Kinder besitzen ausnahmslos eine wunderbare Anmut, Lebendigkeit und Schönheit. Doch diese Kinder werden aufwachsen, und all ihre Schönheit und ihre Anmut wird verschwinden. Es ist sehr schwierig, einen erwachsenen Menschen mit dieser Anmut, mit dieser Schönheit, mit dieser Lebendigkeit zu finden. Wenn du einen Menschen mit kindlicher Unschuld und Entspanntheit antriffst, bist du einem Weisen begegnet.

Unsere Definition eines Weisen im Osten lautet: einer, der seine Kindheit zurückgewinnt. Nachdem er alle Höhen und Tiefen des Lebens durchlebt hat, entschließt er sich aus eigener Erfahrung, aus eigenem Antrieb, das, was er einst in seiner Kindheit war, wiederzuerlangen, bevor der Tod kommt.

Ich lehre euch loszulassen, denn das ist das Einzige, was euch weise machen kann. Keine Kirche hilft da, keine Theologie, keine Religion, denn keine von ihnen lehrt euch loszulassen. Sie pochen alle auf Arbeit, auf die Würde harter Arbeit. Sie gebrauchen schöne Worte, um euch zu versklaven, um euch auszubeuten. Sie paktieren mit den Parasiten der Gesellschaft.

Ich bin nicht gegen Arbeit. Arbeit hat ihren eigenen Nutzen, aber damit hat es sich. Sie kann nicht ein und alles in eurem Leben werden. Selbstverständlich braucht ihr Nahrung, braucht ihr Kleidung, braucht ihr ein Obdach. Arbeitet, aber werdet nicht süchtig danach. Sobald ihr mit der Arbeit fertig seid, solltet ihr euch entspannen können. Es braucht nicht viel Weisheit, um sich zu entspannen, es ist eine einfache Kunst, und zwar deshalb, weil ihr sie kanntet, als ihr geboren wurdet. Sie ist bereits da, man muss sie nur aus ihrem Schlafzustand reaktivieren. Man muss sie wieder hervorkitzeln.

Alle Meditationstechniken sind nur Methoden, um euch zu helfen, euch an die Kunst des Loslassens zu erinnern. Ich sage „erinnern", weil ihr sie einst kanntet. Ihr kennt sie immer noch, doch dieses Wissen wird von der Gesellschaft unterdrückt.

Man muss sich ein paar einfache Prinzipien vor Augen halten: Beginnt mit dem Körper. Wenn ihr euch zu Bett legt – und das tut ihr jeden Tag, da gehört nichts Besonderes dazu –, nehmt, bevor ihr einschlaft, mit geschlossenen Augen die Energie in euren Füßen wahr. Geht von da aus hoch und beobachtet innerlich, ob irgendwo eine Spannung da ist … in den Waden, in den Oberschenkeln, im Bauch? Ist da etwas angespannt, etwas verspannt? Und wenn ihr eine verspannte Stelle findet, versucht sie zu lösen, und geht nicht weiter, bis ihr fühlt, dass eine Entspannung eingetreten ist. Geht dann zu den Händen, denn eure Hände sind direkt mit eurem Denken verbunden. Wenn eure rechte Hand verspannt ist, wird die linke Hälfte des Gehirns ebenfalls verspannt sein; ist die linke Hand verspannt, so ist die rechte Hälfte des Gehirns angespannt. Geht also zuerst durch die Hände – sie sind beinahe wie Ausläufer eures

Geistes – und danach gelangt ihr schließlich zum Kopf. Wenn der ganze Körper entspannt ist, ist der Kopf schon zu neunzig Prozent entspannt, denn deine Körperteile sind nichts als Ausweitungen des Geistes. Beobachtet die restlichen zehn Prozent Spannung in eurem Verstand, und allein durch dieses Beobachten werden sich die Wolken verziehen.

Es wird ein paar Tage dauern, bis ihr den Dreh raus habt. Diese Methode wird eure Kindheitserfahrung, als ihr ganz entspannt wart, wieder beleben.

STRESS IM BAUCH

Der Magen muss sich ständig dem Kopf anpassen. Wenn du wütend bist, entspricht das einem bestimmten Typ von Magen; wenn du jedoch liebevoll bist, einem ganz anderen. Bist du wütend, kannst du fühlen, wie sich dein Magen sogleich verspannt, wie er siedend heiß wird; bist du jedoch liebevoll, fühlst du eine gewisse Entspannung im Magen. Wenn du glücklich bist hast du einen bestimmten Magen, und wenn du unglücklich bist, einen anderen.

Menschen, die ständig unter Stress und Spannungen leiden, beginnen deshalb Magengeschwüre zu bilden. Das heißt nichts anderes, als dass eine ständige Anspannung im Kopf Wunden im Magen erzeugt. Gestressten

Menschen bleibt gar keine andere Wahl, sofern sie nicht ihr Denken ändern.

Der Ausdruck: „Ich kann das nicht verdauen" trifft den Nagel auf den Kopf. Es gibt Dinge, die man nicht verdauen kann. Alles muss durch den Magen. Jemand beleidigt dich, und du sagst: „Ich kann das nicht verdauen. Diese Beleidigung kann ich nicht schlucken". Doch alles, was du schluckst, geht durch den Magen, und das hat seine Folgen.

Wenn sich das Denken verändert, beginnt sich parallel dazu auch der Magen zu verändern. Ich habe beobachtet, dass Leute, die meditieren, an einen Punkt kommen, wo sich ihr Magen neu anpassen muss. Daher haben Menschen, die schon lange meditieren, eine vegetarische Lebensweise angenommen. Es war keine Philosophie dahinter, es hatte nichts mit einer moralischen Einstellung zu tun. Allein durch tiefe Meditation fingen sie an zu verstehen, dass sie vieles nicht verdauen konnten. Es war ihnen unmöglich geworden.

Der Vegetarismus ist nur ein Nebenprodukt tiefer Meditation. Wenn jemand fortfährt zu meditieren, wird er nach und nach erkennen, dass es ihm nicht mehr möglich ist, Fleisch zu essen. Niemand hat ihm davon abgeraten – ich zumindest tue das nicht. Was du gerne essen möchtest, das iss! Doch wenn du tief in Meditation gehst, wirst du Fleisch eines Tages nicht mehr verdauen können. Es wird Ekel erregen. Allein schon die

Vorstellung, Fleisch zu essen, wird wie ein Brechmittel wirken. Dein Magen streikt. Du spürst dich in einer so abgerundeten, subtilen und verfeinerten Welt, dass es dir schleierhaft ist, wie du jemals Fleisch essen konntest. Unmöglich! Und wozu auch?

Wir können Fleisch und Ähnliches verdauen, weil noch viele animalische Instinkte in uns vorherrschen – Wut und Gier, Hass und Gewalt. Wenn sie einmal aus unseren Köpfen verschwunden sind, werden auch ihre Entsprechungen im Magen verschwinden.

WO IST DENN DAS EGO?

Wenn es dir schlecht geht, bist du, und nur du allein, dafür verantwortlich! Weder die Vergangenheit noch die Gesellschaftsstruktur noch das Wirtschaftssystem sind schuld daran. Wenn du du selbst bleibst, wird es dir in jeder Gesellschaftsform, in jedem Wirtschaftssystem schlecht gehen. Es wird dir in jeder Welt schlecht gehen, solange du so bleibst, wie du bist.

Die erste fundamentale Veränderung stellt sich ein, sobald du aufhörst, in Konflikt mit der Existenz zu sein. Nur das ist gemeint, wenn alle großen Religionen immer wieder betonen: „Gib das Ego auf". Sie sagen damit: „Gib den Konflikt mit der Existenz auf". Ich möchte, dass ihr euch das stets vor Augen haltet, denn

„das Ego aufgeben" klingt allzu metaphysisch. Ego? Wo ist denn das Ego? Und was ist es genau?

Ihr scheint das Wort zu kennen, es scheint euch vertraut, aber es wirkt sehr unbestimmt und unfassbar. Ich meine es ganz praktisch: Gib den Konflikt auf – denn das Ego ist ein Nebenprodukt eurer konfliktorientierten Einstellung. Die Menschen reden davon, die Natur zu erobern, sich dieses und jenes untertan zu machen. Wie kann man die Natur erobern? Ihr seid ein Teil von ihr. Wie kann ein Teil das Ganze erobern? Siehst du, wie töricht das ist, wie dumm? Du kannst mit dem Ganzen in Harmonie sein, oder du kannst mit dem Ganzen in Konflikt sein, in Disharmonie. Disharmonie führt zu Elend, Harmonie führt zu Glückseligkeit.

Harmonie führt ganz natürlich zu tiefer Stille, zu tiefer Freude, zu tiefem Entzücken. Konflikt führt zu Besorgnis, Angst, Spannung und Stress.

WARUM SEID IHR ALLE SO NERVÖS?

Wieso könnt ihr euch nicht entspannen? Habt ihr je einer schlafenden Katze zugeschaut, die sich am Nachmittag in der Sonne räkelt und döst? Wie einfach und wie schön sie sich entspannt! Könnt ihr euch nicht auf dieselbe Weise entspannen? Ihr wälzt euch im Bett herum und findet keine Ruhe. Das Schöne an einer entspannten Katze ist, dass sie sich ganz entspannt und dabei trotzdem völlig wachsam bleibt. Die kleinste Bewegung im Raum, und sie öffnet die Augen, springt auf und ist bereit. Sie schläft nicht so wie ihr. Der Schlaf der Katze will wieder gelernt sein, die Menschen haben ihn vergessen.

Tantra sagt: Lerne von den Katzen – wie sie schlafen, wie sie sich entspannen, wie sie auf entspannte Weise leben. Die ganze Tierwelt lebt auf so entspannte Weise. Der Mensch muss es wieder lernen, denn er ist falsch konditioniert worden, man hat ihn falsch programmiert.

ENTSPANNUNG WIDERSTREBT DEM EGO

Das Ego ist absolut glücklich, solange du angespannt bist; das Ego lebt von Spannungen, es nährt sich von Spannungen. Wenn du angespannt, beschäftigt bist, dies und jenes tust, an dieses und jenes denkst, wenn du zerstückelt bist und überall hinrennst, dann ist das Ego überglücklich. So kann es nicht sterben, so fürchtet sich das Ego nicht.

Wenn du aber still dasitzt und mir zuhörst, wenn du dich entspannst oder mit geschlossenen Augen dasitzt, verschwindet die Spannung, und sobald die Spannung verschwunden ist, fühlt sich das Ego in Gefahr. Wenn die Anspannung verschwindet, hast du dem Ego den

Boden unter den Füßen weggezogen. Das geschieht nur in der Entspannung.

Von alters her haben die Meister die Menschen gelehrt, sich zu entspannen – aus dem einzigen Grund, weil das Ego verschwindet, sobald du dich entspannst. Das Ego und das Bewusstsein können sich nicht zusammen entspannen: Das Ego kann sich gar nicht entspannen, und ein entspanntes Bewusstsein kann kein Ego haben.

TRAURIGKEIT HAT EINE TIEFE IN SICH...

... wie sie keine Freude je haben kann. Traurigkeit hat eine eigene Schönheit, eine sehr weiche Schönheit, tief und sanft. Keine Freude kann das haben. Freude hat etwas Schales, etwas Vulgäres. Traurigkeit hat eine Tiefe, eine Fülle, wie sie Freude nie haben kann. Ihr habt sie nie ausgekostet, denn ihr konntet nie euer Bewusstsein darauf richten.

Wenn jemand mehr und mehr bewusst wird, kostet er alles aus, sogar Traurigkeit. Dann legt sich die Traurigkeit um ihn wie die Abenddämmerung, die sich herabsenkt, und alles wird still. Selbst die Vögel singen nicht mehr, selbst der Wind weht nicht mehr. Alles wird still, alles setzt sich in tiefster Entspannung zur Ruhe.

KEIN HIMMEL, ALSO AUCH KEINE HÖLLE

Eure so genannten Religionen haben euch sehr verspannt gemacht, denn sie haben Schuld in euch erzeugt.
Ich gebe mir hier alle Mühe, euch zu helfen, alle Schuld
und alle Angst loszuwerden. Ich möchte euch sagen,
dass es weder eine Hölle noch einen Himmel gibt. Habt
also keine Angst vor der Hölle, und seid nicht versessen
darauf, in den Himmel zu kommen.

Alles, was existiert, ist dieser Augenblick. Du kannst
diesen Augenblick zur Hölle oder zum Himmel
machen – das sicher! Und woanders gibt es keinen
Himmel und keine Hölle. Völlig verspannt zu sein ist
die Hölle, ganz entspannt zu sein ist der Himmel. Totale
Entspannung ist das Paradies.

DAS GLÜCK IST SCHON DA

Denke daran: Wann immer du versuchst, dich zu
freuen, geht es daneben. Wenn du versuchst, das Glück
zu erringen, wird es dir misslingen. Jedes Bemühen, das
Glück zu erringen, ist absurd, denn das Glück ist schon
da, du kannst es nicht erringen. Du musst nichts dafür
tun, du musst es nur zulassen. Es geschieht ganz von
selbst, es umgibt dich. Innen wie außen ist nur Glück.
Nichts anderes ist wirklich. Sieh hin, sieh bis ins Innerste
der Welt, sieh die Bäume, die Vögel, die Felsen, die

Flüsse, sieh Sonne, Mond und Sterne, sieh die Menschen und die Tiere – sieh tief in sie hinein.

Alles, was ist, ist aus dem Stoff der Freude und des Glücks – *Satchitanand*. Es ist aus Glückseligkeit gemacht. Du brauchst nichts dafür zu tun. Dein Tun wird sogar ein Hindernis sein. Entspanne dich, und das Glück erfüllt dich. Entspanne dich, und es schießt in dich ein. Entspanne dich, und es überflutet dich.

Die Bauls* sind entspannt – die Amerikaner sind angespannt. Spannung entsteht, wenn du etwas nachjagst; Entspannung tritt ein, wenn du etwas zulässt. Das ist ein großer qualitativer Unterschied. Es geht nicht um Quantität. Nicht, dass die Bauls mehr hätten und die Amerikaner weniger. Die Amerikaner kennen nichts vom Glück der Bauls; und was die Amerikaner haben – das Elend, die Spannung, die Angst, die Neurose –, ist den Bauls unbekannt. Sie leben in einer völlig anderen Dimension.

Die Dimension eines Bauls ist hier und jetzt; die Dimension eines Amerikaners ist irgendwo anders – dann und dort, aber nicht hier und jetzt. Der Amerikaner jagt, er jagt und jagt, er versucht, etwas vom Leben zu erhaschen, dem Leben etwas abzupressen. Daraus wird nichts, denn so geht das nun einmal nicht.

* Bauls (wörtlich übersetzt „Die im Banne des Windes"), waren singende, tanzende, dichtende Mystiker im alten Indien, die ihre Liebe zum Leben durch ihre poetischen Verse ausdrückten und von Ort zu Ort zogen.

Du kannst dem Leben nichts abringen, du musst dich ihm hingeben. Du kannst das Leben nicht erobern, du musst so mutig sein, dich vom Leben besiegen zu lassen. Eine Niederlage gereicht dir hier zum Sieg, wogegen dein Bemühen, das Leben zu besiegen, dir letztlich nichts als Misserfolg einträgt.

GEWÖHNLICH ZU SEIN IST UNGEMEIN ERHOLSAM...

... und bringt tiefsten Frieden – da ist keine Rivalität, keine Angst, da ist niemand, der mir meine Gewöhnlichkeit rauben könnte. Außergewöhnlichkeit kann dir geraubt werden. Jemand anders kann sich als noch außergewöhnlicher erweisen. Ich bin völlig ohne Ehrgeiz und kenne keine Konkurrenz, und das lehre ich auch meine Leute. Wenn ihr wirklich in Frieden und Freude leben wollt, ist das Paradies jeden Augenblick greifbar. Ihr müsst es nur verstehen.

IM FLUSS SEIN!

Alle Mystiker haben gesagt: „Gib das Ego auf!" Was meinen sie damit? Sie meinen damit: „Sei nicht gespalten!" Das Ego aufzugeben heißt nichts anderes, als nicht mehr gespalten zu sein, eins mit der Existenz zu sein. Schwimme nicht gegen den Strom, das ist töricht; du wirst nur müde werden und den Kürzeren ziehen. Gehe mit dem Fluss! Gehe den ganzen Weg mit dem Fluss. Du bist Teil des Flusses. Und dann wirst du dich entspannt und erholt und froh fühlen. Dies ist die Haltung eines Menschen, der versteht, was zufällig und was wesentlich ist.

Das Zufällige ist stets ein „Möglicherweise", ein „Vielleicht". Du kannst dir nie ganz sicher sein, und es hilft dir auch nicht weiter. Wer sich des Zufälligen sicher ist, wird früher oder später enttäuscht werden; seine Gewissheit wird ihm früher oder später viel Frustration eintragen. Seine Gewissheit wird Erwartungen erzeugen, die sich nicht erfüllen lassen, denn das Universum ist nicht dazu da, um deine Erwartungen zu erfüllen. Es folgt seiner eigenen Bestimmung, es bewegt sich auf sein eigenes Ziel hin, es kümmert sich nicht um deine privaten Ziele.

Alle privaten Ziele stehen dem eigentlichen Ziel des Universums entgegen. Alle privaten Bestrebungen sind gegen das Ziel des Ganzen gerichtet. Alle privaten Ziele sind neurotisch. Ein wesentlicher Mensch wird erkennen und fühlen, dass er nicht vom Ganzen getrennt ist und keine Notwendigkeit besteht, nach einer eigenen Bestimmung zu suchen und zu forschen. Die Dinge geschehen, die Welt bewegt sich – nenne es Gott, und lasse ihn wirken! Du brauchst dich nicht unnötig abzuplagen und abzumühen, du brauchst für nichts zu kämpfen. Du kannst dich entspannen und einfach sein.

Ein wesentlicher Mensch ist kein Macher. Der zufällige Mensch ist ein Macher. Und daher ist der zufällige Mensch natürlich besorgt, angespannt, gestresst und ängstlich. Er sitzt dauernd auf einem Vulkan, der jeden Augenblick ausbrechen kann, denn er lebt in einer Welt der Ungewissheit und glaubt an Gewissheit. Das erzeugt Spannung in seinem Wesen, weil er tief im Innern weiß, dass nichts gewiss ist. Ein Reicher hat alles, was sein Herz begehrt, und doch weiß er im Innersten, dass er nichts hat. Das macht einen Reichen noch ärmer als einen Armen.

Die Narren, welche die amerikanische Verfassung niederschrieben, waren zweifellos von Jesus beeinflusst, es waren alles Christen. Beim Formulieren von „Das Streben nach Glück" müssen ihnen, bewusst oder unbewusst, die Worte Jesu „Suchet, und ihr werdet finden" vorgeschwebt haben. Ich sage euch etwas ganz anderes: „Sucht, und seid euch gewiss, dass ihr nie finden werdet! Sucht nicht, und es ist da."

Hört einfach auf zu suchen, und ihr habt es gefunden, denn Suchen meint, euch im Geist anzustrengen, während Nichtsuchen ein Zustand der Entspannung ist. Und Glück ist nur möglich, wenn man entspannt ist. Ein Sucher ist nicht entspannt. Wie könnte er entspannt sein? Er kann sich Entspannung nicht leisten. Wenn ihr euch in der Welt umschaut, werdet ihr überrascht feststellen, dass die Menschen in sehr armen Ländern zufriedener sind. Die größte Anzahl Unzufriedener

werdet ihr in Amerika finden. Das ist seltsam! Hier ist
das Streben nach Glück dein verbrieftes Recht. Es wird
in keiner anderen Verfassung der Welt genannt.

DER GEIST KANN HEILEN

Ein Arzt in Kalifornien hat viele Krebspatienten allein
durch Imagination, Vorstellungskraft behandelt. Dies ist
ein erster Hinweis, der uns weiterführt. Und nicht nur
einen Patienten hat er so geheilt, nein, viele. Wenn
Kranke beispielsweise an Kehlkopfkrebs leiden, fordert
er sie auf, sich zu entspannen und sich vorzustellen, wie
ihre ganze Körperenergie zur Kehle hoch wandert und
die Geschwulst von dieser Energie angegriffen wird,
ähnlich wie ein Pfeilhagel, der von überall her auf die
Kehle gerichtet wird und die Krankheit angreift.
Innerhalb von drei bis sechs Wochen verschwindet die
Geschwulst spurlos. Und Krebs gilt als unheilbar!

Krebs ist eine moderne Krankheit. Sie kommt vom
Stress, von der Spannung und der Angst im Leben. Bis
jetzt hat sich noch keine Heilung durch den Körper
gefunden. Wenn sogar Krebs durch den Geist geheilt
werden kann, dann lässt sich alles durch den Geist
heilen.

Erlaube dir, völlig loszulassen. Erlaube dir Entspannung. Entspanne dich auf deiner Suche nach Wahrheit. Wenn du hierher kommst, um nach Wahrheit zu suchen, kommst du mit einem weltlichen Denken. Dort braucht es Ehrgeiz, dort musst du dich bemühen, denn die Konkurrenz ist sehr hart, du bist nicht der Einzige. Millionen von Menschen rackern sich ab, kämpfen miteinander, es herrscht ständig Krieg.

Die Welt ist in einem permanenten Kriegszustand. Jeder kämpft gegen jeden. Der Sohn kämpft gegen den Vater, auch wenn er sich dessen vielleicht nicht bewusst ist; der Vater kämpft mit dem Sohn, auch wenn er sich dessen vielleicht nicht bewusst ist; die Mutter kämpft mit dem Kind, das Kind mit der Mutter; Brüder bekämpfen Brüder, Nationen bekämpfen andere Nationen, Familien andere Familien – jeder steht in tiefem Konflikt und Kampf.

Dort draußen kannst du nicht Premierminister werden, wenn du dich entspannst. Dort draußen wirst du nicht Präsident deines Landes, wirst du kein Rockefeller und kein Henry Ford, wenn du dich entspannst. Das ist unmöglich. Wenn du dich dort entspannst, wirst du ein Bettler sein wie Buddha oder Laotse. Dort musst du kämpfen.

Die Welt gehört der Gewalt, die Welt gehört den Egos,

die Welt gehört denen, die aggressiver sind als alle anderen. Ihr kommt aus einer Welt hierher, die euch völlig auf Gewalt, auf Aktion getrimmt hat. Tue etwas! Die Leute kommen zu mir und beklagen sich: „Sag uns, was wir tun sollen, und wir tun es. Aber du sagst uns, nichts zu tun, uns einfach zu entspannen. Das ist unmöglich." Auch nur einen Augenblick lang nichts zu tun scheint unmöglich. Aus alter Gewohnheit, aus einem tief verwurzelten Muster heißt es stets: Tu etwas! Laotse sagt: „Tu nichts!" In der Welt des Seins ist kein Tun erforderlich. Das ist die Bedeutung von Sein – ein Zustand, der kein Tun erforderlich macht. Dort erblühst du in tiefster Tiefe, dort erblühst du in höchster Höhe. Es braucht keine Anstrengung dazu.

Ein Zen-Meister sagt: „Still sitzen. Nichts tun. Das Gras wächst von selbst." Er spricht vom innersten Kern deines Seins, wo Nichtstun und Stilldasitzen das Einzige ist, was du tun kannst. Das Gras wächst von selbst. Es ist nicht nötig, an den Halmen zu zupfen, es ist nicht nötig, an den Pflanzen zu ziehen, sie wachsen von selbst. Warte einfach bei ihnen, und während du wartest, wächst das Gras.

Wenn die ganze Menschheit lernt, sich zu entspannen statt zu kämpfen, wenn sie lernt, loszulassen statt sich so sehr anzustrengen, wird eine große Veränderung in der Qualität des Bewusstseins erfolgen. Entspannte Menschen, die sich still von der Strömung mittragen lassen, die kein eigenes Ziel haben, kein Ego …

LERNE ZU UNTERSCHEIDEN

Wenn du auf Bequemlichkeit stößt, so gehe dagegen an, denn das ist der einzige Weg, wie du wachsen kannst. Und wenn du spürst, dass es jetzt reicht, dass du müde bist und dir alles auf die Nerven geht, dann entspanne dich und akzeptiere es.

Akzeptieren dient der Entspannung, Herausforderungen dienen der Kreativität. Irgendwie musst du diese beiden Gegensätze – Herausforderung und Akzeptanz – unter einen Hut bringen. Wenn die Herausforderung fehlt, wird aus dem Akzeptieren Leblosigkeit; wenn das Akzeptieren fehlt, wird aus der Herausforderung Wahnsinn. Keines von beiden darf fehlen – beide müssen zu einer Synchronizität, zu einer höheren Synthese gebracht werden.

SEI TOTAL!

Ich bin dafür, den Menschen in seiner Totalität, in seiner Ganzheit zu akzeptieren. Um die Totalität des Menschen zu akzeptieren, muss man jedoch die Gesetze der Dialektik verstehen: Du arbeitest den ganzen Tag hart auf dem Feld oder im Garten, der Schweiß rinnt in Strömen. In der Nacht wirst du gut schlafen. Denke nicht, nachts gut zu schlafen vertrage sich nicht damit, tagsüber hart zu arbeiten – das schließt sich nicht aus, ganz im Gegenteil. Die harte Arbeit hat dich darauf vorbereitet, dich zu entspannen. Die Nacht wird dir tiefe Entspannung bringen.

Ein intelligenter Mensch ist jemand, der sehen kann, dass es nicht mehr Nacht ist, dass es längst Tag ist. Wieso fürchtest du dich noch vor der Dunkelheit? Musst du erst stundenlang gegen die Nacht und das Dunkel und die Angst anschreien? Das wäre völlig unsinnig, es würde den Tag zerstören. Warum ihn vergeuden? Die Nacht ist vorbei!

Aus diesem Grund haben wir im Osten keine therapeutischen Methoden entwickelt wie im Westen, weil wir eines verstanden haben: dass es nur ein bisschen Intelligenz braucht, und die hat jeder. Meditation hilft, diese Intelligenz zu schärfen. Einsicht reicht schon; Einsicht bringt Transformation mit sich. Und wenn sich eine Transformation ohne lange Prozeduren einstellt, reicht sie viel tiefer. Erfordert sie einen langen Prozess, bleibt sie oberflächlich.

Ich bin noch keinem einzigen Menschen begegnet, dessen Primärtherapie wirklich erfolgreich war. Sie kann es gar nicht sein. Auch die Psychoanalyse hat noch keinen einzigen Menschen völlig analysieren können. Selbst Sigmund Freud hat diesen Zustand nicht erreicht. Und auch Janov ist nicht wirklich das, wovon er spricht – der primäre, ursprüngliche, unverdorbene Mensch. Aus seinem Gesicht kannst du alle möglichen Spannungen,

Ängste und Sorgen ablesen. Sie sind leicht erkennbar. Er muss wohl noch ein paar Jahre länger schreien, aber meiner Meinung nach werden diese Spannungen auch dann nicht verschwinden. Vielleicht werden sie nur noch subtiler; heimlich nährt man sie, denn wenn man jahrelang schreit, übt man es, kultiviert man das Schreien mit der Zeit. Dann wird man süchtig danach.

Wenn du nicht ein paar Stunden schreien kannst, fühlst du dich nicht gut. So vergiftest du dich langsam damit, es wird zu einer Art Selbsthypnose. Gewiss, wenn du eine Stunde am Tag schreist, fühlst du dich danach ein wenig entspannter, doch das ist eine recht stupide Art von Entspannung.

Einsicht ist Transformation. Das ist unsere Erfahrung im Osten. Alle Buddhas im Osten haben nur die eine Meditation verschrieben: Wachheit, Bewusstheit.

DEN RUHESTAND GENIESSEN?

Gewöhnlich glauben die Leute, wenn sie einmal pensioniert seien, würden sie sich endlich erholen, sich entspannen und das Leben genießen können. Doch wenn sie dann wirklich in den Ruhestand treten, merken sie, dass ihnen Erholung unmöglich ist, dass ihnen Entspannung unmöglich ist, denn ihr ganzes Leben lang haben sie sich in Rastlosigkeit, Besorgnis, Spannung und Ängstlichkeit geübt. Nur weil sie jetzt pensioniert sind, kann sich ihr Körper nicht plötzlich umstellen und die sechzig Jahre alten Gewohnheiten ablegen.

LOSLASSEN MEINT WIRKLICH LOSLASSEN...

... komme, was da kommen mag! Wenn die Vergangenheit auf euch hereinstürzt, lasst sie kommen; wenn die Zukunft herbeieilt, lasst sie kommen. Ihr braucht nicht einmal darauf bedacht zu sein, in der Gegenwart zu leben, denn das würde euch wiederum am Loslassen hindern. Entspannt euch einfach. Aber Entspannung ist beinahe unmöglich geworden, denn ihr stellt so viele Bedingungen ans Leben: So sollte es sein, so nicht; dieser Gedanke ist gut, jener ist schlecht; dies ist des Teufels, jenes bringt dich Gott näher.

Dauernd wählt ihr aus, manipuliert, kämpft und trefft eure Vorkehrungen. Ihr könnt nicht wirklich loslassen. Gebt alle Moral auf. Hört auf zu bewerten! Nichts ist gut, nichts ist schlecht. Alles ist, was es ist. Entspannt euch. Eines Tages wird sich unversehens, in einem tiefen Strahlenglanz, die Gegenwart erheben. Dann sind keine Wolken mehr da, keine Gedanken und keine Wünsche. Und in der Gegenwart zu sein heißt durch die Tür der Existenz zu treten.

Du gehst in den Garten, du spielst mit den Kindern – das ist unbewusste meditative Zeit. Oder du schwimmst im Schwimmbad – das ist unbewusste meditative Zeit. Oder du mähst den Rasen, oder du hörst den Vögeln zu – das ist unbewusste meditative Zeit.

All das gibt es immer weniger, denn wenn die Leute Zeit haben, kleben sie in ihren Sesseln vor dem Fernseher. Das Fernsehen verbreitet enorm viel schädliche Information, die du gar nicht richtig verdauen kannst. Oder du liest Zeitungen, die dich mit allerlei Unsinn füttern. Wenn du etwas Zeit hast, stellst du sogleich das Radio oder den Fernseher an. Oder du fühlst dich gut und möchtest dich entspannen, also gehst du ins Kino. Was ist das für eine Entspannung? Der Film erlaubt dir nicht, dich zu entspannen, er bombardiert dich dauernd mit Information. Entspannung bedeutet, dass dir keine Information serviert wird.

Es reicht, einem Kuckuck zu lauschen, denn da wirst du nicht mit Information gefüttert. Es reicht, Musik zu hören, denn sie stopft dich nicht mit Information voll. Musik hat keine Sprache, sie ist reiner Klang. Sie vermittelt keine Botschaft, sie entzückt dich einfach. Tanzen ist gut, Musik ist gut, im Garten arbeiten ist gut, mit den Kindern spielen ist gut, einfach dasitzen und nichts tun ist gut. Das ist heilend. Und wenn du es bewusst tust, wirkt diese Erfahrung noch stärker.

Meditation ist ein völlig anderes Phänomen; sie ist nicht Konzentration. Meditation ist Entspannung. Konzentration ist ein Verengen des Bewusstseins. Meditation ist ein Erweitern des Bewusstseins – alle Türen weit öffnen, still sein, entspannt, bei sich selbst sein, in sich gehen, weiter und weiter hinein, sich im eigenen Sein zentrieren. Doch die Gesellschaft lässt es nicht zu, dass sich die Menschen sehr entspannen, dass sie sehr in sich gehen, denn sobald sie den Blick nach innen richten, sobald sie sich entspannen, lassen sie sich nicht mehr zu Sklaven reduzieren. Sie werden Rebellen.

Die Wahrheit macht jeden zum Rebellen. Und die Erfahrung deines eigenen höchsten Lebens macht dich vollkommen furchtlos. Dann weißt du, dass nicht einmal der Tod es zerstören kann – wozu also die Aufregung? Keiner kann dich zu etwas zwingen, wenn du weißt, dass du ewig bist. Keine Macht der Welt kann die Seele eines solchen Menschen zermalmen. Ihr könnt seinen Körper zerstören, ihr könnt ihn kreuzigen, so wie ihr Jesus gekreuzigt habt, ihr könnt ihn vergiften, so wie ihr Sokrates vergiftet habt, doch ihr könnt seine Seele nicht zerstören. Seine Seele bleibt frei; er weiß, was Freiheit ist.

Die Gesellschaft hat große Angst vor Leuten, die den Geschmack der Freiheit kennen. Du lernst ihn kennen, wenn du in dich gehst.

Tun oder nichts Tun spielt keine Rolle

Als Erstes gilt es, die Natur der Aktivität und ihre verborgenen Strömungen zu verstehen, sonst ist keine Entspannung möglich. Selbst wenn du dich entspannen willst, wird es dir unmöglich sein, solange du nicht das Wesen deiner Aktivität beobachtet und erkannt hast. Denn Aktivität ist kein einfaches Phänomen. Viele Menschen möchten sich gern entspannen, aber es gelingt ihnen nicht. Entspannung ist wie ein Blühen, sie kann nicht erzwungen werden. Du musst das ganze Phänomen verstehen lernen – weshalb du so aktiv bist, weshalb du dich so sehr mit Aktivitäten beschäftigst, weshalb du davon so besessen bist.

Zwei Begriffe sind dabei auseinander zu halten: Tätigkeit und Aktivität. Tätigkeit ist nicht gleich Aktivität, Aktivität ist nicht gleich Tätigkeit. Sie stehen sich wesensgemäß dia-metral gegenüber. Tun ist etwas, was die Situation erfordert: Du handelst, du wirst tätig. Aktivität wird nicht von der Situation erfordert, sie ist keine direkte Antwort darauf. Du bist innerlich so rastlos, dass die Situation bloß zu einem Vorwand wird, um Aktivität an den Tag zu legen.

Tätigkeit entspringt der Stille in dir, sie hat ihre eigene Schönheit; Aktivität entspringt einem rastlosen Geist, sie ist grundhässlich. Tätigkeit hat Relevanz; Aktivität ist irrelevant. Tätigkeit erfolgt spontan, von Moment zu Moment; Aktivität ist mit Vergangenheit befrachtet, sie ist keine Antwort auf den gegenwärtigen Augenblick. Sie besteht vielmehr darin, deine Rastlosigkeit, die du aus der Vergangenheit mit dir herumträgst, in die Gegenwart einfließen zu lassen. Tätigkeit ist schöpferisch; Aktivität ist sehr, sehr zerstörerisch – sie zerstört dich, sie zerstört andere.

WEITE MACHT ANGST

Wenn du müde von der Arbeit kommst – und natürlich macht es müde, sich sein Brot zu verdienen –, stehen dir zwei Möglichkeiten offen. Die eine ist die, nichts zu tun. Doch das macht dir sehr viel Angst, denn keiner Beschäftigung nachzugehen bedeutet, mit dir selbst zu sein, ganz allein mit dir selbst zu sein.

Es bedeutet, die tiefsten Abgründe deines Wesens kennen zu lernen, und das macht Angst, das erzeugt Furcht. Es bedeutet, deinem Leben und deinem Tod gegenüberzutreten, es bedeutet, dich auf dich selbst einzulassen, auf dein unendliches Inneres, dessen Weite du gar nicht erfassen kannst. Und genau diese Weite macht Angst. Du beginnst heftig zu zittern.

Wenn du nicht deiner üblichen Beschäftigung nachgehst, besteht eine Möglichkeit darin, zu meditieren. Eine andere Möglichkeit besteht darin, dich erneut mit irgendeiner törichten Aktivität zu beschäftigen und sie dein Hobby zu nennen. Es gibt Leute, die sammeln Briefmarken und nennen es ihr Hobby – seht ihr, wie töricht das ist? Und alle anderen Hobbys sind ebenso dumm. Es sind Mittel und Wege vor euch selbst davonzulaufen.

HOBBYS SIND PSEUDOBESCHÄFTIGUNGEN

Allein zu sein, einfach nur zu sein, ohne etwas zu tun, ist eine so tiefe Erfahrung, dass ihr all die Hobbys genannten stupiden Aktivitäten aufgeben werdet. Hobbys sind Pseudobeschäftigungen. Wenn es nichts Richtiges zu tun gibt, widmet ihr euch Pseudobeschäftigungen. Seht ihr, wie dumm das ist? Sechs Tage in der Woche wartet ihr auf den Sonntag, damit ihr euch entspannen könnt, damit ihr ausruhen könnt, damit ihr bei euch selbst sein könnt. Ihr habt die Nase voll, die Welt nimmt euch zu sehr in Beschlag. Ihr habt genug von anderen Leuten, euch reicht's. Ihr hofft, dass es bald Sonntag wird. Doch wenn der Sonntag kommt, müsst ihr euch sofort wieder beschäftigen, diesmal mit eurem Hobby. Ihr könnt nicht ohne Beschäftigung sein – das ist das Problem! Es kommt oft vor, dass man nach einem Sonntag müder ist als nach einem Arbeitstag. So viele Hobbys! Und dann noch ein Picknick und in der Gegend herumfahren und tausend Dinge tun, auf die man sechs Tage gewartet hat – und ihr wolltet euch doch ausruhen!

Ihr könnt euch nicht ausruhen. Ihr wisst nicht, wie man sich ausruht. Ihr könnt euch nicht entspannen, ihr wisst nicht, wie man sich entspannt. Sogar wenn ihr euch entspannen wollt, beginnt ihr zu arbeiten und irgendetwas anzufangen. Selbst wenn ihr euch ausruhen wollt, beginnt ihr euch mit etwas zu beschäftigen. Dass ihr nicht dafür bezahlt werdet, macht es noch längst nicht zur Erholung. Es stimmt, ihr werdet nicht dafür bezahlt, Karten oder Schach zu spielen, aber es macht keinen großen Unterschied, es ist bloß unbezahlte Arbeit.

Nutzt diese Gelegenheiten für euch selbst, statt euch irgendwelche Hobbys zuzulegen. Immer wenn ihr Zeit habt, um nichts zu tun, euch mit nichts zu beschäftigen, bei euch zu sein, dann bleibt bei euch. Bleibt drinnen, geht nicht nach außen. Fangt nicht an, Briefmarken zu sammeln.

DIE SPRACHE DER ENTSPANNUNG

Die Menschen haben die Sprache der Entspannung völlig vergessen. Man hat sie dazu gebracht, sie zu vergessen. Jedes Kind wird mit einer ihm innewohnenden Fähigkeit geboren, sich zu entspannen. Man muss es ihm nicht beibringen. Schaut einfach einem Kind zu, wie entspannt, wie gelöst es ist. Aber ihr erlaubt ihm nicht, diesen paradiesischen Zustand zu genießen. Ihr werdet es bald zivilisieren. Kinder sind primitiv und unzivilisiert. Die Eltern, die Lehrer und alle andern sind hinter ihnen her, um sie zu zivilisieren, um sie zu nützlichen Mitgliedern der Gesellschaft zu machen.

Niemand schert sich darum, dass die Gesellschaft völlig verrückt ist. Es wäre gut, wenn die Kinder so bleiben könnten, wie sie sind, und nicht länger in diese Gesellschaft, in eure so genannte Zivilisation eingeweiht würden. Doch trotz bester Absichten können die Eltern ihre Kinder nicht sich selbst überlassen. Sie müssen ihnen beibringen, wie man arbeitet. Sie müssen ihnen beibringen, produktiv zu sein. Sie müssen ihnen beibringen, mit andern zu wetteifern. Sie müssen ihren Kindern zu verstehen geben, dass sie schwer enttäuscht sind, wenn ihr Nachwuchs keinen Spitzenplatz im Leben ergattert. Darum versuchen alle sich eiligst an die Spitze zu schieben. Wie soll man da entspannen können?

SEI, WIE DU BIST...

Entspannung wird sehr oft missverstanden. Entspannung meint einfach: Sei, wie du bist – dann bist du entspannt. Wenn du versuchst, jemand anders zu sein, etwas anderes zu sein, wenn du beispielsweise spürst, dass du nicht richtig entspannt bist und dich mehr entspannen möchtest, dann erzeugst du neue Spannung. Entspannt zu sein bedeutet: so zu sein, wie man ist. Wenn du verspannt bist, sei verspannt; wenn du in Eile bist, sei in Eile. Sei ganz in dem, worin du dich gerade befindest, und du wirst sehen, dass darauf Entspannung folgt. Es geschieht von selbst. Ein entspannter Gemütszustand bedeutet: A ist A und bemüht sich nicht darum, B zu sein. Sobald A versucht, B zu werden, gibt es Probleme. Und genau das tut ihr. Seid einfach ihr selbst. Es ist genau richtig so. Jeder hat sein eigenes Tempo. Vielleicht finden die andern, dass du zu sehr gespannt bist, vielleicht aber auch nicht. Vergiss die ganze Entspannung! Sei, wer immer du auch bist. Mache dir keinen Moment lang irgendein Idealbild von dir. Schaue nicht auf ein Ziel, sonst gerätst du in Schwierigkeiten.

SEI, WAS DU BIST...

... und kümmere dich keinen Deut darum, was die Welt dazu meint. Dann wirst du eine ungeheuer tiefe Entspannung und einen tiefen Frieden in deinem Herzen spüren. Das ist dein ursprüngliches Gesicht: gelöst, ohne Spannung, ohne Ehrgeiz, ohne Heuchelei, ohne jede Disziplin wie man sich verhalten sollte.

VERWECHSLE FAULHEIT NICHT MIT GELÖSTHEIT!

Faulheit und Gelöstheit sehen sich so ähnlich, dass es sehr leicht zu einem Missverständnis kommen kann.

Wenn du dein Alleinsein genießt, kann das nicht Faulheit sein. Denn Faulheit geht stets mit einem gewissen Schuldgefühl einher: mit einer bestimmten Empfindung, etwas zu tun, was man nicht tun sollte, nicht richtig an der Existenz teilzuhaben. Faulheit bedeutet, dass du nicht mehr an der Kreativität des Universums teilnimmst, dass du abseits stehst, während das Universum tagaus, tagein weiter schöpferisch ist.

Verwechsle Faulheit nicht mit Gelöstheit! Bleibe bei allem völlig entspannt und gelöst. Ob du etwas tust oder nicht, spielt keine Rolle. Du sollst vor Energie überfließen, auch wenn du nichts tust. Diese Bäume hier tun nichts, doch sie fließen über vor Energie. Du kannst es an ihren Blüten sehen, an ihren Farben, am Laub, an ihrer Frische, an ihrer völlig nackten Schönheit im Sonnenlicht, in dunkler Nacht unter den Sternen.

Das Leben ist nirgendwo angespannt – außer in den Köpfen der Menschen. Das Leben leicht zu nehmen, ohne jede Anspannung, ohne jede Eile – das ist nicht Faulheit, sondern Gelöstheit.

ENTSPANNUNG CONTRA ANGST

Wenn man voller Angst ist und so viel verdrängt und unterdrückt hat, ist Entspannung höchst gefährlich. Ihr kommt zu mir und fragt, wie man sich entspannt, und wisst gar nicht, was ihr mich da eigentlich fragt. Eure Gesellschaft hat euch abgerichtet, euch nicht zu entspannen. Eure Gesellschaft hat euch beigebracht, euch unter Kontrolle zu halten, und da bin ich und lehre euch, wie ihr euch entspannt. Das ist absolut gesellschaftsfeindlich. Aber Gott ist nun einmal unsozial.

Das Jenseitige ist unsozial. Eure Gesellschaft ist von ebenso pathologischen Menschen wie ihr selbst erschaffen worden. Sie haben Regeln und Vorschriften aufgestellt – und pathologische Menschen sind sehr effizient im Aufstellen von Regeln und Vorschriften. Sie sind selber unterdrückt und unglücklich und möchten die anderen ebenfalls unterdrückt und unglücklich sehen. Sie können nicht zulassen, dass du so glücklich bist.

ENTSPANNUNG IST KEINE METHODE

Entspanne dich nicht mit Yogaübungen. Das zu verstehen ist bereits entspannend, ist bereits Entspannung. Du entspannst dich, alle Anstrengung verschwindet. Du lebst dein gewöhnliches Leben – du hackst Holz, du holst Wasser vom Brunnen, du kochst das Essen, du isst, du schläfst, du liebst. Du lebst ein ganz gewöhnliches Leben, ohne etwas Außergewöhnliches zu wünschen oder anzustreben.

ATME AUS DEM BAUCH HERAUS

Wenn du tief atmest, spürst du, wie Entspannung und Erholung durch deinen ganzen Körper fließt und sich ein gelöster Zustand einstellt. Hast du je zugeschaut, wie ein kleines Kind atmet? Es atmet aus dem Bauch. Schaue einmal zu, dann siehst du es selber. Laotse wünschte sich, dass jeder so atmen würde.

Das taoistische Yoga lehrt dich, wie ein Kind zu atmen, den Bauch zu heben und zu senken und den Brustkorb nicht mit einzubeziehen, so als hätte er nichts mit dem Atmen zu tun – was auch tatsächlich so ist.

NUR VERRÜCKTE VERSUCHEN PERFEKT ZU SEIN

Entspannung bedeutet, keine Idealvorstellungen zu haben. Du lebst einfach von Augenblick zu Augenblick – nicht gemäß einer zukünftigen Vorstellung von dir, sondern gemäß deiner Wirklichkeit, die hier und jetzt ist. Von Augenblick zu Augenblick mit der Wirklichkeit zu leben heißt geistig gesund zu sein. Mit einer Vorstellung zu leben heißt geistig krank zu sein. Wegen solcher Perfektionisten ist die Welt beinahe zum Tollhaus geworden. Perfektionismus ist eine Form von Verrücktheit. Nur Verrückte versuchen perfekt zu sein. Gesunde Menschen streben nie nach Perfektion.

… aber es ist keine Meditation. Autogenes Training ist eine sehr oberflächliche Entspannung. Im Wesentlichen bestimmt der Geist über den Körper. Der Kopf befiehlt dem Körper: „Entspanne dich!" Du legst dich still hin, schließt die Augen und beginnst zu spüren, wo du in deinem Körper gespannt bist. Sind deine Knie gespannt, so befiehlst du den Knien, sich zu entspannen; sind deine Hände gespannt, so befiehlst du den Händen, sich zu entspannen. Auf diese Weise gehst du durch deinen ganzen Körper und gibst jedem Teil, der sich verspannt anfühlt, den Befehl, sich zu entspannen.

Langsam, langsam wird sich dein ganzer Körper völlig entspannt anfühlen. Das ist gut und hilfreich für den Körper, doch es ist nicht Meditation, denn noch immer hat der Kopf das Sagen, noch immer bestimmt das Denken den Körper.

In der Meditation hat das Denken nicht mehr die Kontrolle. Etwas jenseits vom Denken hat die Kontrolle über Körper und Geist übernommen: dein Wesen. Autogenes Training kann hilfreich sein für körperliche Entspannung, es kann dir auch helfen, in Meditation zu gehen. Benutze zuerst den Kopf, um den Körper zu entspannen, und dann sage zu deinem Verstand: „Jetzt entspannst du dich! Ich bin da und sehe nach dem Rechten, du kannst dich ruhig entspannen."

Wenn der Verstand sich ebenfalls entspannt und keine Gedanken mehr da sind, nur reine Heiterkeit und Stille, steigt ein ungeheures Glücksgefühl in dir hoch. Meditation ist das Allerhöchste ... Autogenes Training ist nur der Anfang. Es ist nicht schlecht, es ist etwas sehr Förderliches. Und es ist ein gutes Zeichen, dass Ärzte überall im Westen das Autogene Training akzeptiert haben. Früher oder später werden sie auch Meditation akzeptieren müssen.

DER KOPF IST ERNST, MEDITATION IST UNERNST

Der Kopf ist etwas sehr Ernsthaftes, Meditation hingegen ist völlig unernst. Was ich da sage, kommt dir vielleicht spanisch vor, denn die Leute sprechen immer sehr ernsthaft über Meditation. Meditation ist jedoch nichts Ernstes. Sie ist eher spielerisch – ehrlich, aber nicht ernsthaft. Meditation ist nicht Arbeit, sondern eher wie ein Spiel. Spielen ist keine Aktivität. Selbst wenn es aktiv ist, ist es keine Aktivität. Spielen ist ein Vergnügen; seine Aktivität ist nicht zielgerichtet, nicht motiviert, sondern reine, fließende Energie. Aber damit tun wir uns schwer, denn wir sind so sehr in Aktivitäten verstrickt. Wir sind immer so beschäftigt gewesen, dass Aktivität zu einer Besessenheit geworden ist, die tief in uns Wurzeln geschlagen hat. Selbst im Schlaf sind wir aktiv. Selbst wenn wir daran denken, uns zu entspannen, sind wir aktiv. Wir machen sogar Entspannung zu einem Tun, wir strengen uns an, um uns zu entspannen. Das ist absurd! Der Grund dafür sind die roboterhaften Mechanismen unseres Denkens.

KAMPF ODER FLUCHT

Der Verstand kennt nur zwei Alternativen: Kampf oder Flucht. Wann immer ein Problem auftaucht, befiehlt dir der Verstand, entweder dagegen anzukämpfen oder dem Problem auszuweichen. Und beides ist falsch. Wenn du kämpfst, bleibst du mit dem Problem verhaftet. Wenn du kämpfst, wird das Problem ständig gegenwärtig sein. Wenn du kämpfst, bist du gespalten, denn das Problem ist nicht außen, das Problem ist drinnen, in dir.

Wenn du zum Beispiel Wut verspürst und dagegen ankämpfst, was wird geschehen? Die Hälfte deines Wesens ist mit der Wut beschäftigt, die andere mit der Absicht, gegen sie anzukämpfen. Es ist genauso, als würden deine beiden Hände gegeneinander kämpfen. Wer wird gewinnen? Du verschleuderst nur deine Energie dabei. Keine Seite wird siegreich sein. Du kannst dir zwar vormachen, dass du deine Wut jetzt unterdrückt hast, dass du jetzt auf deiner Wut sitzt, doch dann musst du ständig auf ihr sitzen. Keine einzige freie Minute ist dir vergönnt. Wenn du nur einen einzigen Moment lang nicht aufpasst, wirst du um deinen Sieg gebracht.

Wer etwas unterdrückt hat, sitzt deshalb andauernd darauf herum und hat ständig Angst. Er kann sich nicht entspannen.

Weshalb ist Entspannung so schwierig geworden? Wieso kannst du nicht mehr schlafen? Wieso kannst du dich nicht entspannen? Wieso kannst du nicht gelöst sein? – Weil du so vieles unterdrückt und verdrängt hast. Du hast Angst, dass es wieder hochkommen wird, wenn du dich entspannst.

Eure so genannten religiösen Leute können sich nicht entspannen. Sie sind völlig verspannt. Ihre Verspanntheit rührt daher, dass sie so viel unterdrückt haben. Wie sollen sie sich entspannen? Sie wissen, dass der Feind sein Haupt reckt, wenn sie sich gehen lassen. Sie können sich nicht entspannen, sie haben sogar Angst vor ihren Träumen.

DER VERSTAND IST IMMER IN SPANNUNG

Der Verstand kann nur in Spannung leben; Entspannung ist sein Tod. Ein entspannter Mensch braucht den Kopf nicht, und wer den Kopf braucht, ist nie entspannt. Deshalb ist der Schlaf von dieser Erde verschwunden, seit der Mensch gebildeter und intellektueller geworden ist, seit er ein denkendes Tier wurde. Denn Schlaf erfordert Entspannung.

Die Menschen haben die Sprache des Loslassens völlig verlernt. Ich sage also nicht, du sollst gegen den Verstand ankämpfen. Wenn du das tust, tut es wiederum der Verstand, denn jeder Kampf spielt sich im Denken ab. Nochmals: Jeder Kampf rührt vom Denken her, denn jede Spannung kommt vom Denken. Durch den Verstand kann man also nie in einen Zustand von Frieden und Stille kommen. Wir denken sehr negativ.

Unser Verstand bezeichnet Entspannung als Faulheit, und eine tiefe Sehnsucht nennt er Ungeduld. Vergesst nie, dass unser Denken negativ ist. Es weiß nicht, wie man ja sagt. Vertrauen bedeutet ja zu sagen.

PASSIVE BEWUSSTHEIT

Der Verstand muss transzendiert werden, und die einzige Möglichkeit, ihn zu transzendieren, ist, sich zu entspannen und die Dinge so sein zu lassen, wie sie sind. Eine sehr, sehr passive Bewusstheit – das ist die Bedeutung von Meditation.

Eine passive Bewusstheit, in der du still dasitzt und beobachtest – und auch das soll nicht zu Spannung führen. Wenn du zuweilen zu beobachten vergisst, ist das völlig in Ordnung. Wenn du dich daran erinnerst, beobachtest du wieder; und wenn du es wieder vergisst, vergisst du es. Das ist Entspannung, so akzeptierst du das Leben, wie es kommt. Dann steigt höchste Freude in dir auf. Du bist weder müde noch abgelenkt, denn nichts kann dich aus der Ruhe bringen.

SAG JA!

Wenn du die Existenz annimmst, sie achtest und ihr dankbar bist, wirst du auf einmal eine ungeheure Erleichterung und Entspannung verspüren.

Tantra – die pure Entspannung

Die Mystiker sagen, dass es nicht nötig sei, die Welt zu verändern. Aber auch die Mystiker fallen in zwei Kategorien. Der eine Typ wird sagen, dass es nicht nötig sei, die Welt zu verändern, wohl aber nötig, sich selbst zu verändern. Er glaubt ebenfalls ans Verändern – zwar nicht der Welt, aber seiner selbst.

Tantra hingegen sagt, dass es nicht nötig sei, irgendwen zu verändern – weder die Welt noch sich selbst. Dies ist der tiefste Kern aller Mystik: Du brauchst nicht die Welt zu verändern und du brauchst nicht dich selbst zu verändern. Du brauchst nur zu erkennen, dass alles sich verändert, und in dieser Veränderung mitzutreiben und dich in der Veränderung zu entspannen. Und sobald keine Anstrengung da ist, irgendeine Veränderung zu bewirken, kannst du dich total entspannen – denn solange die Anstrengung da ist, kannst du dich nicht entspannen.

Dann kommt es zu Anspannungen, weil in der Zukunft etwas Wertvolles geschehen wird: Die Welt wird sich verändern! Die Welt „wird kommunistisch werden" oder es wird „der Himmel auf Erden" kommen oder sonst eine Zukunftsutopie … oder du wirst ins „Reich Gottes eingehen" oder *„Moksha,* die letzte Befreiung erreichen". Irgendwo im Paradies warten die Engel nur darauf, dich willkommen zu heißen; aber irgendwo heißt: die Zukunft. Mit einer solchen Einstellung wirst du verspannt sein.

Tantra sagt nun: Vergiss es. Die Welt ist bereits dabei, sich zu verändern. Veränderung heißt: die Existenz; da brauchst du dir also keine Sorgen zu machen. Sie vollzieht sich bereits ohne dein Zutun – du wirst nicht gebraucht. Du treibst nur in ihr dahin, ohne Zukunftsängste, und plötzlich wirst du mitten in der Veränderung auf einen Mittelpunkt in dir aufmerksam werden, der sich nie verändert, der immer so geblieben ist, wie er ist – gleich. Warum geschieht dies? Weil dir, wenn du entspannt bist, der sich verändernde Hintergrund den Kontrast liefert, durch den du das Unveränderliche wahrzunehmen vermagst.

VORSICHT LIEBE

Selbst beim Lieben haben die Leute Angst, dass an irgendeinem Punkt Gefahr droht, wenn sie sich wirklich einlassen. Ihr ganzes Denken lässt alle Alarmlichter aufleuchten: Stopp! Nicht weiter! Denn alles, was sie unterdrückt haben, kann jederzeit hochkommen, es klopft schon an die Tür und möchte heraus. Deshalb können sie sich auch beim Lieben nicht entspannen. Entspannung kann nur bedingungslos sein.

Es gibt keine Entspannung nur unter bestimmten Bedingungen. Wenn du dich entspannst, entspannst du dich bei der Liebe, entspannst du dich bei Wut, entspannst du dich bei Hass. Es ist, wie wenn du deine Tür öffnest und sie nun für Freund und Feind offen steht. Wenn du nachts deine Tür offen lässt, kann hereinkommen wer will, Freund oder Feind, also schließt du die Tür. Doch jetzt ist die Tür für beide zu, auch dein Freund hat keinen Zutritt mehr.

DIE KUNST DES LIEBENS

Du kannst versuchen, deinen Sex unter Kontrolle zu halten, aber trotzdem wird eine Unterströmung von Sexualität in dir fließen und sich auf unterschiedlichste Art und Weise zeigen. Aus dem Meer deiner Rationalisierungen wird sie immer und immer wieder ihren Kopf emporrecken.

Ich rate dir nicht, dich zu bemühen, den Sex zu transzendieren, ich empfehle dir genau das Gegenteil: Vergiss es, ihn transzendieren zu wollen! Gehe in den Sex hinein, so tief du kannst. Solange die Energie da ist, gehe so tief hinein, wie du kannst, liebe so tief du kannst und mache eine Kunst daraus.

Liebe nicht einfach so lala, sondern mache aus dem Lieben eine Kunst – das ist der ganze Sinn von Tantra. Es gibt subtile Nuancen, die nur Menschen kennen können, die mit einem ausgeprägten Sinn für Ästhetik ans Werk gehen. Andernfalls kannst du dein ganzes Leben lang Liebe machen und wirst dennoch unbefriedigt bleiben, weil du nicht weißt, dass Befriedigung etwas sehr Ästhetisches ist. Es ist wie eine feine Musik, die in deiner Seele erklingt.

Wenn du durch Sex in Harmonie fällst, wenn du durch Liebe entspannt und gelöst wirst; wenn Lieben nicht bloß ein Verpuffen von Energie ist, mit der du sonst nichts anzufangen weißt; wenn Liebe nicht einfach nur eine Entladung, sondern eine Entspannung ist; wenn du dich in deine Frau hineinentspannst und deine Frau sich in dich hineinentspannt; wenn du für kurze Zeit, für ein paar Augenblicke oder für ein paar Stunden vergisst, wer du bist, und dein Ich völlig in Vergessenheit gerät, dann wirst du reiner, unschuldiger und jungfräulicher aus dem Liebesakt hervorgehen. Du wirst verändert sein – ausgeglichen, zentriert, verwurzelt.

Wenn das geschieht, wirst du eines Tages plötzlich merken, dass die Flut vorbei ist und dich sehr, sehr reich zurückgelassen hat. Es wird dir nicht leid tun, dass sie vorüber ist. Du wirst dankbar sein, denn jetzt öffnen sich dir reichere Welten. Wenn der Sex dich verlässt, öffnen sich die Türen der Meditation. Wenn der Sex dich verlässt, versuchst du nicht, dich im anderen zu verlieren. Du wirst fähig, dich in dir selber zu verlieren.

Jetzt beginnt eine andere orgiastische Welt, in welcher der Orgasmus ein innerer ist und du mit dir selbst bist. Doch sie beginnt nur durch das Zusammensein mit dem andern. Man wächst und reift durch den andern; dann kommt der Augenblick, da du allein und ungeheuer glücklich sein kannst.

EIN AUGENBLICK VOM JENSEITIGEN

Tantra ist eine phantastische Meditation, denn der sexuelle Orgasmus ist dein natürliches Potenzial, um einen Augenblick lang etwas vom Jenseitigen zu fühlen. Tantra nutzt den Orgasmus und verbindet ihn mit Meditation, und was sonst nur einen kurzen Moment lang wirkt, kann zu einem dauerhaften Zustand werden. Tantra weist zudem wissenschaftlich nach, dass der Orgasmus nichts mit der anderen Person zu tun hat.

Beim Lieben kommt es zu einem Spannungsgipfel, und während sich diese Spannung wieder legt, fühlst du dich von einer ungeheuren Stille, von einer großen Entspannung umfangen. Ein paar Augenblicke lang sind keine Gedanken mehr da, ist keine Zeit mehr da. Alles ist verschwunden, nur reines Sein ist da. Tantra sagt, dies sei deine natürliche Gabe. Sie ist dir gegeben worden, damit du zur Einsicht kommst, dass es einen Weg gibt, ohne Gedanken und ganz entspannt zu dieser orgiastischen Erfahrung zu gelangen. Sie hat nur mit dir selbst zu tun, nichts mit dem anderen. Sobald du weißt, wie du dich entspannst, wie du die Gedanken aufgibst, wie du die Zeit anhältst, wie du den Verstand anhältst, entdeckst du dein reines Sein.

SEX UND EWIGKEIT

Sex ist der einzig mögliche Weg für den Menschen, um herauszufinden, dass es eine Türe gibt, eine Möglichkeit, um über die eigenen Gedanken hinaus in ewige Stille zu gehen. Selbst wenn es nur einen kurzen Moment dauert, ist dieser Moment Ewigkeit – alles hält an.

DER TANTRISCHE ORGASMUS

Tantra gründet auf einer anderen Art von Orgasmus. Eine Art von Orgasmus kommt zum Höhepunkt durch Erregung. Wenn wir diese Art von Orgasmus einen „Gipfelorgasmus" nennen, kann man einen tantrischen Orgasmus als „Talorgasmus" bezeichnen. Hier gelangst du nicht zum Gipfel der Erregung, sondern ins tiefste Tal der Entspannung. Zu Beginn brauchst du sowohl für das eine wie für das andere Erregung, deshalb erscheinen anfänglich beide Orgasmen gleich, doch sie enden völlig verschieden. Erregung steht bei beiden am Anfang. Von da an gehst du entweder auf den Gipfel der Erregung zu oder ins Tal der Entspannung hinein. Im ersten Fall muss die Erregung intensiv sein und immer intensiver werden, du musst in ihr wachsen, du musst ihr helfen, dem Höhepunkt entgegenzuwachsen.

Im zweiten Fall ist Erregung nur ein Anfang. Sobald der Mann in die Frau eingedrungen ist, können sich die beiden Liebenden entspannen. Es ist keine Bewegung nötig. Sie können sich in liebevoller Umarmung entspannen. Nur wenn der Mann oder die Frau spüren, dass die Erektion am Schwinden ist, ist ein wenig Bewegung und Erregung erforderlich, und dann entspannst du dich wieder. Du kannst diese tiefe Umarmung ohne Ejakulation stundenlang ausdehnen. Daraufhin werden beide zusammen in einen tiefen Schlaf fallen. Das ist ein Talorgasmus. Beide sind dabei entspannt, beide begegnen sich als zwei entspannte Wesen.

TANTRA UND TAO

Tantra und auch Tao haben gewusst, dass es nicht lebensspendend für dich ist, wenn du beim Liebesakt ejakulierst. Eine Ejakulation ist nicht nötig, du kannst völlig darauf verzichten. Sowohl Tantra wie Tao sagen, sie rühre daher, dass du kämpfst, andernfalls sei eine Ejakulation unnötig. Geliebter und Geliebte können in einer tiefen sexuellen Umarmung sein und sich ineinander entspannen, ohne möglichst schnell zu ejakulieren, ohne jede Eile, den Liebesakt beenden zu wollen. Sie lassen sich einfach ineinander fallen. Und wenn diese Entspannung total ist, fühlen sich beide lebendiger. Beide bereichern einander.

Wenn eine Frau und ein Mann miteinander tief entspannt sind, ineinander verschmelzen, voneinander aufgenommen werden, ohne jede Eile, ohne jede Spannung, dann geschieht sehr viel Alchimistisches, denn die Lebenssäfte der beiden, die Elektrizität der beiden, die Bioenergie der beiden vereinen sich. Und durch diese Vereinigung, dieses tiefe Sich-Finden beleben sie einander, machen sie einander vitaler und lebendiger, denn sie sind Antipoden – der eine ist negativ, der andere positiv. Sie können lange leben, ohne alt zu werden.

Doch dies kann nur kennenlernen, wer nicht in Kampfstimmung ist. Es erscheint paradox, dass diejenigen, die gegen den Sex ankämpfen, früher ejakulieren, denn ihr angespannter Verstand hat es so eilig, sich von der Spannung zu befreien.

Nimm dich nicht so ernst!

Zwischen Lachen und Sex besteht eine ganz einfache Verbindung. Der sexuelle Orgasmus und das Lachen erfolgen auf dieselbe Weise, sie laufen ähnlich ab. Im sexuellen Orgasmus strebst du eine Klimax von Spannung an. Du kommst dem Ausbruch immer näher, und dann erfolgt auf dem Höhepunkt plötzlich die orgiastische Erlösung. Nach einer immer stärker werdenden Spannung entspannt sich alles auf einen Schlag. Der Kontrast zwischen der angestiegenen Spannung und der Entspannung ist so stark, dass du das Gefühl hast, du seiest in einen ruhigen, stillen Ozean gefallen, in eine tiefe Entspannung, in ein tiefes Loslassen.

Deshalb hat man noch nie gehört, dass jemand beim Lieben an einem Herzanfall gestorben ist. Das ist merkwürdig, denn Lieben ist eine anstrengende Übung – das reinste Yoga! Noch nie ist jemand daran gestorben, und zwar aus dem einfachen Grund, weil der Liebesakt so viel Entspannung mit sich bringt.

Herzspezialisten haben tatsächlich begonnen, Leuten, die an Herzbeschwerden leiden, Sex als Arznei zu verschreiben. Sex kann eine enorm große Hilfe sein. Er löst Spannungen, und wenn deine Spannungen weg sind, funktioniert dein Herz wieder natürlicher.

Dasselbe gilt für das Lachen. Es baut ebenfalls eine Spannung in dir auf. Du hörst dir eine Geschichte an und hast bestimmte Erwartungen, was geschehen wird. Und was wirklich geschieht, kommt so unerwartet, dass es die Spannung auf einen Schlag löst. Das Geschehen ist unlogisch – das ist das Wichtigste beim Lachen. Das Geschehen muss lächerlich sein, es muss absurd sein. Wenn du logisch darauf schließen kannst, wird es kein Lachen auslösen.

NIMM DAS LEBEN NICHT ZU ERNST

Sei nicht zu ernst und macht kein langes Gesicht, dazu besteht kein Anlass. Werde spielerischer. Das Leben ist ein Witz. Schau das Leben als ein Spiel an, nimm es nicht zu ernst. Das macht den großen Unterschied. Du gehst den Weg zu deinem Büro in einer ganz bestimmten Gemütsverfassung: gespannt, kämpferisch, besorgt, gestresst. Oder du machst morgens einen Spaziergang und nimmst denselben Weg. Es ist dieselbe Straße, es sind dieselben Bäume, dieselben Vögel, derselbe Himmel, dieselben Leute, die vorbeigehen, und auch du bist derselbe. Doch auf deinem Morgenspaziergang verspürst du keinen Stress, keine Spannung, denn du hast kein bestimmtes Ziel. Es ist bloß ein Morgenspaziergang, und du genießt ihn.

WALLSTREET ODER HIMALAJA

Das Leben ist nicht zweckorientiert. Es führt nirgendwohin, es hat kein Ziel. Die Reise selbst ist das Ziel.
Bewege dich ohne Ernst, sei spielerisch, dann ist alles,
was du tust, eine Meditation. Jede spielerische Hand-
lung wird meditativ. Meditation ist jene Qualität, die
sich auf natürliche Weise einstellt, wenn du etwas ohne
jeden Ernst genießt. Ja, Karten spielen kann meditativ
sein, Glücksspiel kann meditativ sein, eine geschäftliche
Tätigkeit kann meditativ sein. Alles und jedes kann in
Meditation verwandelt werden. Das Einzige, was du
hinzufügen musst, ist eine unernste Verspieltheit; dann
erzeugst du keine Spannung in dir und produzierst
keinen Stress. Du bleibst entspannt. Lerne, wie man entspannt bleibt, und dann ist die Wall Street ebenso gut
wie irgendeine Höhle im Himalaja.

AKZEPTIERE DEINE NATUR

Tantra sagt: Versuche nicht, vor etwas davonzulaufen,
denn das ist unmöglich. Nutze deine Natur, um sie zu
transformieren. Kämpfe nicht dagegen an. Akzeptiere
deine Natur, um sie zu transzendieren.

Alle Neurose ist ein Gespaltensein. Wenn eine Brücke
geschlagen wird, wirst du wieder zum Kind, wirst du
unschuldig. Sobald du diese Unschuld einmal kennst,

kannst du dich in deinem Umfeld so verhalten, wie es erforderlich ist, doch jetzt ist dein Verhalten nur ein Spiel, du bist nicht darin verwickelt. Es ist erforderlich, also spielst du mit. Doch du bist nicht darin gefangen, du spielst nur.

IM EINKLANG SEIN

Niemand kann gegen die Natur ankämpfen. Wer versucht, gegen die Natur anzukämpfen, muss sich anstrengen. Jede Anstrengung ist wider die Natur, während alle Entspannung im Einklang mit der Natur ist. Im Einklang zu sein heißt religiös zu sein, mit dem Universum mitzuklingen. Du brauchst nicht nach jemand Ausschau halten, der dir den Weg zeigt. Dieser Einklang verwandelt dich in eine wunderbar duftende Blume. Es erfordert keine Anstrengung von dir, es ist ein natürliches Wachstum.

LEBEN GESCHIEHT EINFACH

Wenn du das Leben lebst, ohne eine Wahl zu treffen, und es geschehen lässt, dann wirst du empfänglich wie der Erdboden. Das Leben geschieht in dir, ohne dass du es bewirtschaftest, ohne dass du organisierst und kontrollierst. Wenn du nicht kontrollierst, verschwinden alle Spannungen – nur dann bist du völlig entspannt. Diese Entspannung ist das Allerhöchste, das Alpha und das Omega, der Anfang und das Ende. Beziehe keinen Standpunkt, gehe es um Leben oder Tod.

DU BRAUCHST NICHT ZU SUCHEN

Versuche nicht, gegen den Strom zu schwimmen, lass den Fluss dich zum Meer tragen. Wieso sich unnötig abmühen und ermüden? Das gehört zum Grundlegenden im Zen: nicht anstrengen, völlig entspannen und sich dem Ganzen hingeben; nicht suchen, nur nach innen schauen.

EIGENTLICH IST ES GANZ EINFACH

Entspannung müsste eigentlich das Einfachste der Welt sein, ist aber etwas unglaublich Schwieriges geworden. Nicht dass Entspannung schwierig wäre, doch die Leute haben sich daran gewöhnt, sich überall heftig anzustrengen. Wenn du sie aufforderst, sich zu entspannen, nichts zu tun und einfach zu warten – das klingt kinderleicht, doch sie können nicht einfach warten. Sie werden etwas tun; sie müssen immer etwas tun. Heute ist das beinahe eine festgefahrene Struktur im Leben.

BLEIBE DIR SELBST TREU

Genieße dein Essen, genieße dein Bad, genieße die Sonne, genieße den Wind und den Regen, genieße alles, was dir zur Verfügung steht. Und bleibe, wer immer du bist, dir selber treu – ohne Heuchelei, ohne Anmaßung, ohne eine Fassade, ohne Maske. Das wird dir höchste Freude bringen, Gott wird dein sein. Gott kommt nur zu denen, die in völliger Entspannung mit ihrem Wesen sind. Wer sich nach etwas sehnt, kann nicht entspannt sein, denn diese Sehnsucht erzeugt Spannung.

ENTSPANNUNG MEINT NICHT UNTÄTIGKEIT

Kreativität bedeutet, völlig entspannt zu sein. Entspannung meint nicht Untätigkeit, denn Entspannung bringt Besonderes hervor. Es entstammt jedoch nicht deinem Tun, du bist nur ein Vehikel.

Ein Lied wird durch dich erklingen – du bist nicht sein Schöpfer, es kommt aus dem Jenseits. Es kommt immer vom Jenseits. Wenn du es erschaffst, ist es nur etwas Gewöhnliches, etwas Weltliches; wenn es durch dich erklingt, ist es von exquisiter Schönheit, bringt es etwas vom Unbekannten mit sich.

TANZE WIE TOLL

Wenn du dich wirklich ausruhen willst, dann tanze zuerst – tanze wie toll! Lasse jede Faser deines Körpers und deines Wesens tanzen! Darauf wird eine totale Entspannung und Erholung eintreten. Du brauchst sie nicht zu bewerkstelligen, sie geschieht ganz von selbst.

FEIERN IST EINE ANDACHT

Glücklich sein heißt religiös sein, glücklich sein heißt tugendhaft sein. Vergiss das nie! Feiern ist eine Andacht. Festlich gestimmt zu sein und sich eine Dimension von Feiern zu bewahren, kennzeichnet das Wesen eines Sannyasins, eines Suchers. Dann genießt du, was immer auch geschieht. Du genießt Gesundheit wie Krankheit, beides ist etwas Schönes für dich. Bist du gesund, so genießt du die Aktivität; bist du krank, genießt du die Entspannung.

LOSZULASSEN IST EINE WUNDERBARE ERFAHRUNG

Loslassen meint: kein Wettbewerb, keine Anstrengung, kein Kampf. Du entspannst dich einfach, wohin die Existenz dich auch führt. Du versuchst nicht, deine Zukunft zu kontrollieren, du versuchst nicht, die möglichen Konsequenzen in den Griff zu bekommen, sondern nimmst, was kommt, ohne vorher einen Gedanken daran zu verschwenden. Loslassen geschieht in der Gegenwart, Folgen betreffen das Morgen. Loszulassen ist eine wunderbare Erfahrung, die dir völlige Entspannung und einen tiefen Gleichklang mit der Existenz schenkt.

Um loszulassen, musst du als Erstes das Ego aufgeben, indem du dich daran erinnerst, dass du nicht von der Existenz getrennt bist. Wogegen kämpfst du eigentlich? Du bist nicht getrennt von den anderen Menschen – mit wem kämpfst du eigentlich? Mit dir selbst! Das ist die Wurzel allen Elends. Mit wem du auch kämpfst – du kämpfst gegen dich selbst, denn da ist sonst niemand.

Loslassen bedeutet ein tiefes Verständnis für das Phänomen zu haben, dass wir ein Teil der einen Existenz sind. Wir können uns kein separates Ego leisten, wir sind eins mit allem. Und das All ist riesig, es ist ungeheuer weit. Dein Verständnis wird dir helfen, mit dem Ganzen mitzugehen, wo es dich auch hinführen mag. Du hast kein vom Ganzen getrenntes Ziel; und auch das Ganze selbst hat kein Ziel. Es geht nirgendwo hin, es ist einfach hier.

Wenn du verstehst, was Loslassen meint, hilft dir das, einfach hier zu sein – ohne jedes Ziel – ohne jede Vorstellung von Leistung, ohne jeden Konflikt, ohne Kampf, ohne Streit – im Wissen, dass du nur gegen dich selbst kämpfen würdest, was völlig unsinnig wäre.

Loslassen meint ein tiefes Verständnis. Es ist nichts, was du tun musst. Jedes Tun ist ein Teil der Welt des Kämpfens. Was du tun musst, wird zum Kampf. Loslassen meint verstehen. Und auf dieses Loslassen folgt eine stille Entspannung, ein Fließen mit dem Fluss, ohne dich darum zu kümmern, wohin er fließt, ohne Angst, verloren zu gehen, ohne Besorgnis, denn du bist nicht getrennt vom Ganzen. Was auch geschieht, es hat seine Richtigkeit.

BEOBACHTE – WERDE ZUM ZEUGEN

In der Atmosphäre des Loslassens blüht das Beobachten. Beide sind fast wie zwei Seiten derselben Erfahrung, sie unterscheiden sich nicht. Man kann sich nicht die Erlaubnis zum Loslassen geben, ohne Zeuge zu sein, und ebenso wenig kann man Zeuge sein, ohne im Loslassen zu verweilen. Loslassen bedeutet völlige Entspannung – keine Spannung, kein Gedanke, kein Begehren. Der Verstand bewegt sich nicht, geht nirgendwohin, funktioniert einfach nicht. Ein Verstand, der still ist, vergönnt dir das größte Erlebnis im Leben, das Entstehen eines neuen Phänomens: Zeuge zu sein. Wir leben alle, und wir sind alle ein bisschen bewusst, sonst wäre das Leben unmöglich. Doch unser Bewusstsein ist sehr oberflächlich, so dünn wie eine Haut – vielleicht nicht einmal das.

Zeuge zu sein reicht so tief, wie du selbst bist, wie die Existenz ist. Es ist der tiefste Punkt des Lebens in der Existenz, wo du nur noch beobachtest, was zu beobachten übrig geblieben ist: eine ungeheure Stille, eine große Freude, die Schönheit der Existenz, die dich umgibt, und eine tiefe Ekstase – ein Lied ohne Worte, ein Tanz ohne Bewegung. Zeuge zu sein ist die höchste Erfahrung von Religion. Nur wer dort hingelangt, hat wirklich gelebt; alle anderen haben nur vegetiert.

LACHEN ENTSPANNT...

… und Entspannung ist spirituell. Lachen bringt dich auf die Erde zurück, bringt dich weg von deinen Hirngespinsten, heiliger zu sein als alle anderen. Lachen bringt dich zur Realität zurück, so wie sie ist. Die Welt ist ein Spiel Gottes, ein kosmischer Witz. Und solange du nicht verstehst, dass sie ein kosmischer Witz ist, wirst du das höchste Geheimnis nie verstehen können. Ich bin ganz und gar für Witze, ich bin ganz und gar für Lachen. Ein totales Lachen ist etwas sehr Seltenes. Wenn jede Zelle deines Körpers lacht, wenn jede Faser deines Wesens voller Freude pulsiert, bringt dies eine tiefe Entspannung mit sich. Es gibt ein paar Dinge, die ungeheuer wertvoll sind. Lachen zum Beispiel. Singen und Tanzen sind von derselben Qualität, doch Lachen wirkt am schnellsten.

... fröhlich zu sein ist wahre Tugend. Das Leben zu feiern ist ein Gebet. Du genießt, was auch immer geschieht. Du genießt deine Gesundheit, während du gesund bist, und wenn du krank bist, genießt du deine Krankheit. Dann werden beide schön. Wenn du gesund bist, freust du dich an Tätigkeiten; wenn du krank bist, genießt du die Entspannung.

Sobald du das Geheimnis von Entspannung kennst, kannst du dich jederzeit, Tag und Nacht, entspannen. Niemand kann es dir beibringen, du musst in deinem eigenen Körper zu suchen anfangen. Und ein Meister im Entspannen zu sein ist eine der schönsten Erfahrungen überhaupt.

Es ist der Anfang einer großen Reise zur Spiritualität, denn wenn du zur Gänze im Loslassen bist, bist du nicht länger ein Körper. Ist dir je die simple Tatsache bewusst geworden, dass du deinen Körper nur spürst, wenn eine Spannung besteht, eine Störung, ein Schmerz? Ist dir dein Kopf je ohne Kopfschmerzen bewusst geworden? Wenn dein ganzer Körper entspannt ist, vergisst du, dass du ein Körper bist. Und in diesem Vergessen des Körpers liegt die Erinnerung an ein neues Phänomen, das mitten im Körper verborgen ist: dein spirituelles Wesen.

Loslassen ist der Weg, der zum Wissen führt, dass du nicht der Körper bist, sondern etwas Ewiges, Unsterbliches. Es bedarf keiner anderen Religion in der Welt. Die einfache Kunst des Loslassens wird jedes Menschenwesen in einen religiösen Menschen verwandeln.

Religion ist nicht Gottesgläubigkeit, Religion ist nicht Glaube an den Papst, Religion ist nicht Glaube an ein ideologisches System.

Religion bedeutet, das zu erkennen, was ewig in dir ist – *Satyam Shivam Sundram* – die Wahrheit deiner Existenz; das, was deine Göttlichkeit ausmacht; und deine Schönheit, deine Anmut, deinen Glanz. Die Kunst des Loslassens ist gleichbedeutend mit der Erfahrung des Immateriellen, des Unermesslichen, deines authentischen Wesens.

MOMENT MAL!

Es gibt Augenblicke, wo du loslässt, ohne es zu merken. Wenn du zum Beispiel so richtig lachst – aus dem Bauch heraus, nicht nur vom Kopf –, dann bist du entspannt und gelöst, ohne dass du es merkst. Deshalb ist Lachen so gesund. Es gibt keine andere Arznei, die besser ist für dein Wohlbefinden. Doch das Lachen ist denselben Verschwörern zum Opfer gefallen wie deine Bewusstheit des Loslassens. Die ganze Welt ist in einen wüsten Haufen ernsthafter und psychisch kranker Menschen verwandelt worden.

Hast du je das glucksende Lachen eines kleinen Kindes gehört? Sein ganzer Körper nimmt daran teil. Wenn du lachst, lacht nur selten dein ganzer Körper mit, dein Lachen ist bloß eine intellektuelle Kopfgeburt. Für mich ist Lachen weit wichtiger als Beten, denn Beten wird dich nicht entspannen, es kann dich im Gegenteil noch verspannter machen.

Im Lachen verlierst du plötzlich alle Konditionierung, alles Eingeübte, allen Ernst. Unversehens bist du ihm einen Moment lang entschlüpft.

Meditation –
der Zustand des Nicht-Tuns

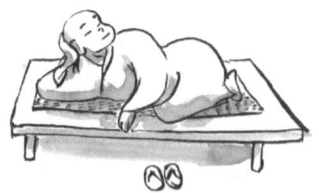

DIE DREI GRUNDBAUSTEINE

Meditation enthält ein paar unentbehrliche Grundbausteine: Die Methoden mögen sich unterscheiden, aber diese paar Grundbausteine müssen in jeder Methode vorhanden sein.

Das Erste ist ein entspannter Zustand: Kein Kampf gegen den Verstand, keine Kontrolle des Verstandes, keine Konzentration.

Zweitens: Ein einfaches waches und bewusstes Zuschauen bei allem was sich abspielt, ohne dass du dich einmischst – du behältst einfach deine Gedanken im Auge, ganz still.

Und dann Drittens: keinerlei Urteil, keine Bewertung. Dies sind die Drei: Entspanntheit, Zuschauen, kein Urteil. Und dann kommt langsam, ganz langsam ein großes Schweigen über dich. Alle Bewegung in dir hört auf. Du bist, aber ohne jegliches Gefühl von „ich bin" – nur reiner Raum.

NUR ENTSPANNUNG BRINGT ERLEUCHTUNG

Millionen von Menschen haben gesucht und nichts gefunden und sind sich nicht im Klaren, dass es ihr Suchen ist, das sie zu angespannt macht. Ihr Bemühen erzeugt einen Zustand, in dem Erleuchtung nicht passieren kann. Erleuchtung kann nur passieren, wenn du so still, so entspannt bist, dass du eigentlich gar nicht mehr bist. In diesem reinen Schweigen erfolgt unvermittelt eine Explosion: die Explosion deiner leuchtenden Seele.

Diejenigen, die sich so sehr bemühten, haben ihre Intelligenz oder ihren Körper zerstört, und ich glaube nicht, dass sie zur Erleuchtung kamen. Die Wenigen, die erleuchtet wurden, sind es in einem entspannten Zustand geworden. Entspannung ist der richtige Nährboden, in welchem die Rosen der Erleuchtung blühen. Achte also darauf, entspannt zu sein, wohlig, ohne jede Anstrengung, und dir immer wieder ein Schläfchen zu gönnen. Das ist das richtige Rezept. Du wirst erleuchtet werden. Du kannst schon heute erleuchtet werden, denn Erleuchtung ist dein innerstes Wesen. Nur weil du dich so sehr damit abgibst, zu suchen, zu forschen und dies oder jenes zu tun, gelangst du nie zu deinem eigenen Selbst. In der Entspannung gehst du nirgendwohin, tust du nichts, und das Gras beginnt von selbst zu wachsen.

MÜHE UND MÜHELOSIGKEIT...

... Bewegung und Stille, Aktivität und Ruhe, Materie und Seele – das sind die beiden Ufer, und zwischen ihnen fließt das Unsichtbare. Die beiden Ufer sind sichtbar, dazwischen fließt das Unsichtbare – das bist du.

Du musst ein Gleichgewicht finden, und das ist nur möglich, wenn du beide Pole benutzt. Wenn du nur einen benutzt, stirbst du ab.

Wenn du dich nur für einen entscheidest, schaffst du ein Ungleichgewicht. Viele haben es versucht, und ganze Kulturen sind verblüht. In Indien hat man den stillen Punkt, die ruhige Stille gewählt und die aktive Seite vernachlässigt. So ist der ganze Osten abgestumpft. Die Schärfe ging verloren, die Schärfe der Intelligenz und der Körperkraft. Als sei das Leben eine Bürde, die man mit sich herumschleppen muss und irgendwann fallen lässt, als sei es eine Pflicht, ein Karma, das man erleiden muss, und nicht ein Vergnügen, ein ausgelassener Tanz. Stärke braucht Aktivität und Bewegung. Wenn du die Bewegung vernachlässigst, verlierst du deine Kraft.

Das Gegenteil geschah im Westen, wo man sich für die aktive Seite, die Peripherie entschieden hat, wo man denkt, dass es keine Seele gibt, wo man glaubt, dass Aktivität alles ist und das Leben nur aus Ehrgeiz, Eroberungen, Aktivitäten, Zielen und Genüssen besteht. Das Resultat davon ist ein stetig zunehmender Wahnsinn. Ohne den stillen Punkt kannst du nicht gesund bleiben, du wirst verrückt. Der Westen ist dabei, sich in ein einziges riesiges Irrenhaus zu verwandeln.

Für mich ist Gleichgewicht alles. Wähle nicht aus, lehne nichts ab; akzeptiere beide Seiten, und schaffe ein inneres Gleichgewicht. Die Dynamische Meditation ist ein

Weg zu diesem Gleichgewicht. Sei aktiv, genieße die Bewegung, sei ekstatisch und gib dich voll hinein. Und dann sei ganz still, und genieße auch das, und sei ekstatisch in deiner Stille.

ENTSPANNUNG UND BEWUSSTHEIT ...

... sind beinahe wie zwei Seiten derselben Münze. Du kannst sie nicht trennen. Du kannst mit Bewusstheit rangehen, dann wirst du merken, wie du dich entspannst. Was deine Spannung ausmacht, ist deine Identifikation mit allerlei Gedanken und Befürchtungen – der Tod, ein drohender Bankrott, der sinkende Dollarkurs – so viele Ängste! Und deine Spannungen wirken sich auch auf deinen Körper aus. Dein Körper wird angespannt, denn Körper und Geist sind nicht zwei verschiedene Wesenheiten, sie bilden ein einziges System, und deshalb wird auch der Körper angespannt, wenn der Kopf angespannt ist.

Du kannst mit Bewusstheit beginnen, denn Bewusstheit löst dich vom Verstand und von der Identifikation mit deinen Gedanken. Natürlich beginnt sich der Körper dabei zu entspannen. Du bist nicht mehr verhaftet, und Spannungen können im Licht der Bewusstheit nicht existieren. Du kannst auch vom anderen Ende her rangehen. Entspanne dich einfach ... lass alle Spannungen fallen. Und während du dich entspannst, wirst du überrascht feststellen, dass eine gewisse Bewusstheit in dir aufsteigt. Beides ist untrennbar miteinander verknüpft. Es ist jedoch leichter, mit Bewusstheit zu beginnen. Mit Entspannung anzufangen ist ein bisschen schwieriger, denn allein schon dein Bemühen, dich zu entspannen, erzeugt eine gewisse Spannung.

Deshalb haben wir im Osten Meditation nie mit Entspannung begonnen, sondern immer mit Bewusstheit. Entspannung folgt von selbst, du musst sie nicht herbeiführen, sonst ist eine gewisse Spannung da. Sie sollte von selbst eintreten, nur dann ist es reine Entspannung. Und sie wird eintreten! Mit Entspannung zu beginnen ist schwierig, aber falls du das möchtest, glaube ich zu wissen, wie du es am besten angehen könntest. Ich habe bei der Arbeit mit meinen Schülern aus dem Westen gemerkt, dass sie nicht dem Osten angehören, und dass sie die östliche Tradition von Bewusstheit nicht kennen. Sie entstammen einem anderen Kulturkreis, der sich nie mit Bewusstheit befasst hat.

Vor allem für die westlichen Schüler habe ich Meditationen wie die *Dynamische Meditation* geschaffen, und in meinen Meditationscamps gab es überdies die *Gibberish Meditation* sowie die *Kundalini Meditation*. Wenn du mit Entspannung beginnen willst, so mache zuerst diese drei Meditationen. Sie werden dich von allen Spannungen im Kopf und im Körper befreien, und dann fällt Entspannung sehr leicht. Du weißt gar nicht, wie viel du zurückhältst und dass genau das der Grund für dein

Angespanntsein ist. In der *Gibberish-Meditation* sagt man laut heraus, was einem gerade in den Sinn kommt, in irgendeiner Sprache oder in Kauderwelsch. Wenn du also mit Entspannung beginnen willst, musst du zuerst einen kathartischen Prozess durchlaufen – *Dynamische*, *Kundalini* oder *Gibberish Meditation*. Beim *Gibberish* wirst du mit der Zeit völlig still, der Kopf wird leer. Langsam, langsam entsteht ein tiefes Nichts, und in diesem Nichts eine Flamme von Bewusstheit. Sie ist immer gegenwärtig, umhüllt von all dem Geplapper im Kopf. Es muss hinauskatapultiert werden, es ist Gift für dich.

Dasselbe gilt für den Körper, dein Körper ist verspannt. Beginne mit irgendwelchen Bewegungen, die der Körper gerade machen möchte. Manipuliere nicht; lass einfach zu, wenn er tanzen will, wenn er hüpfen will, wenn er herumrennen will, wenn er sich am Boden kugeln will, und mische dich nicht ein. Sage deinem Körper: „Du kannst tun, was du willst", und du wirst überrascht sein, wie viel du im Körper zurückgehalten hast, das Spannung in dir erzeugte.

Es gibt also zwei Arten von Spannungen, solche im Körper und solche im Kopf. Bevor du mit der Entspannung beginnen kannst, musst du dich von beiden befreien, und das wird dir mehr Bewusstheit bringen.

MIT DIR IN KONTAKT KOMMEN

Wenn du völlig entspannt bist, beginnst du zum ersten Mal deine Realität zu fühlen und kommst in unmittelbaren Kontakt mit deinem Sein. Wenn du einer Tätigkeit nachgehst, bist du davon so sehr eingenommen, dass du dich selbst nicht wahrnimmst. Aktivität erzeugt viel heiße Luft um dich herum, sie hüllt dich in Staub; deshalb ist es notwendig, zumindest für ein paar Stunden am Tag alles Tun einzustellen.

BUDDHAS WEG

In einer einzigen Nacht wurde Buddha zu einem Schoß – alles Bemühen war weg, jetzt war nichts mehr zu tun. Die Welt war zu Ende gegangen, es gab nichts mehr zu finden. Jetzt war sogar die spirituelle Suche zu Ende. Alles wurde absolut ruhig und still. Wenn es nichts zu suchen gibt, ist kein Begehren mehr da. Wenn kein Begehren mehr da ist, ist kein Gedanke mehr da. Und ohne Begehren, ohne Gedanken, ohne Suche kann das Ego nicht existieren. Es existiert nur im Tun.

In jenem Augenblick verschwand die Zukunft. Wenn du nichts mehr tun wirst, wozu soll da eine Zukunft gut sein? Die Zukunft ist als ein Raum notwendig, in welchen du deine Wünsche projizieren kannst. Um zu projizieren, braucht es Zukunft. In jener Nacht verschwand die Zukunft. Eigentlich verschwand die Zeit. Wenn du nichts tust, wozu soll da die Zeit gut sein?

Buddha entspannte sich. Es war eine totale, absolute Entspannung. Er entspannte sich in sich selbst hinein. Wenn es nirgendwohin zu gehen gilt, entspannst du dich in dich selbst hinein. Kein Begehren, kein Gedanke – alles hat sich als nichtig erwiesen. Was sich als nichtig erwiesen hat, ist in Wirklichkeit der männlich orientierte Geist, der Geist des Tuns. Am Morgen, als der letzte Stern verblich, öffnete Buddha die Augen. Er hatte die ganze Nacht traumlos geschlafen, denn Träume sind Nebenprodukte von Begehren.

Hast du schon bemerkt, dass es sehr schwierig ist, nachts zu schlafen, wenn du etwas vorhast? Das Morgen ist viel zu aufregend. Es gibt noch so viel zu tun! Selbst wenn du im Himalaja Urlaub machen willst, kannst du in der Nacht nicht schlafen, das Planen und Proben geht weiter. Du musst noch dieses und jenes erledigen. Schlafen wird schwierig. Und dann träumst du …

Buddha schlief zum ersten Mal. Dieser Schlaf war *Samadhi* – kein Gedanke, kein Traum, kein Begehren. Er entspannte sich in seine Mitte, und als er die Augen aufschlug, war er wie ein kleines Kind, frisch und jung. Er schaute zu, wie der letzte Stern verblich, und als der Stern verschwand, verschwand auch er. Er wurde erleuchtet. Seine Erleuchtung geschah jedoch in einem tief weiblichen Seinszustand.

Buddha macht das Atmen zur eigentlichen Grundlage von Meditation. Ein bewusstes tiefes entspanntes Atmen bewirkt eine so intensive Stille und Entspannung, dass du allmählich verschmilzt, eins wirst mit allem und verschwindest.

Du bist nicht länger eine Insel für dich, du beginnst mit dem Ganzen mitzuschwingen. Dann bist du keine einzelne Note mehr, sondern ein Teil dieser ganzen Symphonie. Dann entsteht Mitgefühl.

Gautama Buddhas Ansichten von Meditation sind so einzigartig und so ungeheuer schön, dass sich andere Religionen sehr schwer damit tun, sie zu verstehen, denn alle Religionen glauben an die Notwendigkeit, sich anzustrengen.

Buddhas Vorstellung kommt wunderschön in Bashos *Haiku* zum Ausdruck:

> Still dasitzen. Nichts tun.
> Der Frühling kommt.
> Das Gras wächst von selbst.

Es geht überhaupt nicht um Anstrengung. Du sitzt nur da und tust nichts. Wenn du etwas tun willst, musst du dich anstrengen. Doch wenn du in einem Zustand des Nicht-Tuns bist, bedarf es keiner Anstrengung – was wäre das für ein Nicht-Tun, wenn du dich dabei anstrengen müsstest? Anstrengung ist Tun, und aus dem Tun kannst du kein Nicht-Tun erzeugen. Du musst auf alles Tun verzichten. *Still dasitzen, nichts tun ... Der Frühling kommt.* Nicht dein Bemühen bringt den Frühling herbei, er kommt ganz von selbst. Er ist schon seit jeher von selber gekommen. Und wenn es Frühling wird, brauchst du nicht am Gras zu zupfen und dich ernsthaft bemühen, dass es wächst – es wächst von selbst, aus eigenem Antrieb.

Kein anderer als Buddha hat diese enorm wichtige Entdeckung gemacht, dass Meditation etwas sehr Einfaches ist. Du entspannst dich einfach, aber nicht auf Amerikanisch, nicht nach dem Motto: „Du musst dich entspannen!" Dieses „muss" macht die ganze Vorstellung von Entspannung zunichte. Das Buch mit diesem Titel verkaufte sich glänzend, denn jedermann möchte sich entspannen. Es ist gut geschrieben, aber der Autor versteht nichts von Entspannung – sie kann kein Muss sein.

Entspannung erfordert nur ein sehr einfaches Verständnis – ohne jede Anstrengung, ohne etwas zu tun. Du sitzt nur still da und lässt deinen Körper sich entspannen. Du musst nirgendwohin, nichts tun, nichts erreichen, also gibt es gar keinen Grund, angespannt zu sein. Du hast die Entspannung bereits in dir, sie erfordert nicht die geringste Anstrengung. Du sitzt schon dort, wo du hin willst, wozu sich also noch bemühen? Du bist schon immer dort, wo du sein möchtest, du hast nur nicht nach innen geblickt. Kein Ziel erreichen, nirgendwo anders hingehen, keine Sehnsucht, kein Begehren – und Entspannung kommt ganz von allein.

Eine Entspannung, die hergestellt worden ist, hat nicht viel mit Entspannung zu tun. Um sie herum bleibt unweigerlich eine subtile Spannung bestehen, die du aufrechterhältst. Du magst ruhig und still dasitzen, doch tief drin bist du sehr angespannt. Sich reglos und still zu verhalten ist nicht Stille, sie ist nur vorgetäuscht. Stille sollte natürlich sein. Und wie kann sie natürlich sein?

Buddhas ganze Philosophie gibt dir den richtigen Rahmen, in welchem Stille von selbst geschieht. Es gibt nichts zu erreichen – es gibt keinen Gott, es gibt keinen Himmel, es gibt keine Hölle. Alles, was du brauchst, ist dir bereits gegeben, du hast es in dir. Du bist kein Sünder, der unablässig beten muss, um seine Sünden loszuwerden. Du bist so rein wie Buddha selbst. Der einzige Unterschied besteht darin, dass du dir dessen nicht bewusst bist, und das macht dich in keiner Weise minderwertiger. Du hast den *Kohinoor*, den wertvollsten aller Diamanten, in dir, aber du bist dir dessen nicht bewusst. Buddha ist es.

Du brauchst also nur still dazusitzen und auf den Frühling zu warten, auf den richtigen Moment. Wenn deine Entspannung ihren höchsten Gipfel erreicht, wenn deine Stille absolut wird, ist der Frühling gekommen. Das Gras, das von selbst wächst, ist nur ein

Symbol. Es ist ein Symbol dafür, dass du und dein Potenzial spontan von selber zu wachsen beginnen. Es ist etwas Natürliches, es ist eine dir innewohnende Fähigkeit. Du musst nichts dazu beitragen.

MEDITATION IST NICHT KONTROLLE

Meditation hat nichts damit zu tun, das Denken zu kontrollieren, denn jede Kontrolle ist eine Form von Repression, und was unterdrückt wird, wird sich rächen. Immer wenn du dich ein wenig entspannst, werden die vorherrschenden unterdrückten Gedanken unverzüglich wieder auftauchen und alles in dir heftig aufwühlen. Meditation ist nicht Kontrolle, denn Kontrolle erzeugt Spannung, während Meditation aus der Entspannung heraus wächst. Meditation weist ein paar wenige Wesenszüge auf, ganz gleich, welche Methode man benutzt.

Diese wenigen Grundvoraussetzungen sind für alle Methoden gültig. Die erste ist ein entspannter Zustand – kein Kampf mit dem Verstand, keine Kontrolle des Denkens, keine Konzentration. Die zweite, mit einer entspannten Bewusstheit beobachten, was geschieht, ohne sich einzumischen. Einfach nur still den Verstand beobachten, ohne jedes Urteilen, ohne jedes Bewerten.

Dies sind die drei Grundvoraussetzungen: entspannen,

beobachten; nicht urteilen. Langsam, langsam legt sich eine tiefe Stille auf dich. Alle Bewegung in dir hört auf. Du bist, aber da ist kein Empfinden von „Ich bin", da ist nur ein klarer Raum.

Es gibt hundertzwölf Meditationsarten. Ich habe über alle diese Methoden gesprochen. Sie unterscheiden sich in ihrer Konstitution, doch die Grundvoraussetzungen sind die gleichen: Entspannung, Achtsamkeit und eine nicht wertende Haltung.

AKZEPTIERE ALLES UM DICH HERUM

Meditation ist nicht Konzentration, sondern Entspannung. Du entspannst dich einfach in dich selbst hinein. Je mehr du dich entspannst, desto offener und verletzlicher fühlst du dich, desto weniger rigide bist du, desto flexibler wirst du – und unversehens beginnt die Existenz in dich einzudringen. Du bist nicht mehr wie ein Fels, du hast Öffnungen. Entspannung bedeutet, dass du dir erlaubst, in einen Zustand zu fallen, wo du nichts tust, denn wenn du etwas tust, wird die Spannung weitergehen. Es ist ein Zustand des Nicht-Tuns. Du entspannst dich einfach und genießt das Gefühl von Entspannung. Lass dich in dich selbst hineinfallen, schließe die Augen und horche, was alles um dich geschieht. Nichts braucht dich abzulenken.

Sobald du etwas als Ablenkung empfindest, lehnst du Gott ab. Jetzt gerade ist Gott als ein Vogel zu dir gekommen. Lehne ihn nicht ab. Er hat als ein Vogel an deine Tür geklopft. Im nächsten Augenblick ist er als Hund gekommen, der bellt, oder als ein schreiendes und weinendes Kind, oder als ein Verrückter, der laut auflacht. Lehne es nicht ab, weise es nicht zurück. Nimm es an! Denn wenn du es ablehnst, wirst du gespannt. Alle Ablehnung erzeugt Spannung.

Nimm es an. Akzeptieren ist der Weg zur Entspannung. Akzeptiere alles um dich herum. Lass es ein organisches Ganzes werden. Das ist es, ob du es weißt oder nicht. Alles ist aufeinander bezogen. Diese Vögel, diese Bäume, dieser Himmel, diese Sonne, diese Erde, du, ich – alles ist verbunden. Es ist eine organische Einheit. Wenn die Sonne verschwindet, werden die Bäume verschwinden, wenn die Bäume verschwinden, werden die Vögel verschwinden. Wenn die Bäume und die Vögel verschwinden, kannst auch du nicht mehr hier sein, verschwindest auch du. Alles ist ökologisch aufeinander bezogen, alles steht mit allem in einer tiefen Beziehung.

VOM TUN INS NICHT-TUN

Wenn du nichts tust, bewegt sich die Energie zum Zentrum hin und sammelt sich dort. Wenn du etwas tust, bewegt sich die Energie nach außen. Tun ist ein

Weg nach außen, Nicht-Tun ist ein Weg nach innen. Sich zu beschäftigen ist eine Flucht. Selbst die Bibellektüre kann zu einer Beschäftigung werden. Zwischen einer religiösen Beschäftigung und einer weltlichen Beschäftigung gibt es keinen Unterschied; Beschäftigung ist Beschäftigung. Sie hilft dir, dich an Äußeres, an Unwesentliches zu hängen. Sie ist ein Vorwand, um draußen zu bleiben.

ZEN LEHRT WACHHEIT

Zen lehrt Verständnis, Bewusstheit, Wachheit und die Fähigkeit, die Dinge so zu sehen, wie sie sind. Dann besteht keine Notwendigkeit, wegzulaufen. Wo du auch bist, hilft Zen dir zu entspannen. Und es ist auch nicht nötig, nach Gott zu suchen, *Satori* oder *Samadhi* anzustreben, Erleuchtung finden zu wollen – die Suche selber wird zum Hindernis.

Wir suchen nur nach dem, was nicht schon in unserem Sein ist. Es ist unnötig, das zu suchen und zu erforschen, was bereits in uns ist. Entspanne dich einfach, und in dieser Entspannung hast du es gefunden! *Satori* ist unsere Natur. *Samadhi* ist unsere Natur. Gott ist unsere Natur. Daher gehst du im Zen nirgendwohin, du ruhst in dir selbst.

IM EINKLANG MIT DEM GANZEN

Im Zen wird diese äußerste Entspannung deines Wesens *Satori* genannt: ein Bewusstheitszustand, in dem es kein Werden mehr gibt, wo du nichts mehr erreichen willst, wo du nirgendwo hingehst, wo kein Ziel mehr ist, wo alle Ziele verschwunden sind und alle Absichten hinter dir liegen, wo du bist, wo du einfach nur bist. In diesem Augenblick des Seins löst du dich im Ganzen auf, und etwas Neues entsteht – *Satori, Samadhi,* Erleuchtung. Es kann in jeder Situation geschehen – wann immer du in Einklang mit dem Ganzen fällst.

STRENG DICH NICHT SO AN!

Wer sich zu sehr anstrengt und sich dadurch stresst, wird immer gespannter. Und je angespannter du bist, desto weiter weg bist du von der Wahrheit, denn Wahrheit geschieht dir nur, wenn du völlig entspannt bist. In völliger Entspannung – und nur in völliger Entspannung– sprudelt und quillt die Wahrheit in deinem Wesen empor. Das geschieht nur, wenn du ganz gelöst bist, nur wenn du still dasitzt und nichts tust, nicht wenn du ihr nachrennst.

WERDE NICHT – SEI!

Werden ist die Wurzel aller Verwirrung, allen Elends und aller Angst, weil du nun einmal nicht das werden kannst, was du nicht bist. Die Rose kann sich noch so sehr bemühen, sie wird immer eine Rose bleiben, sie kann keine Lotusblüte werden. Der Lotus kann sich die größte Mühe geben, er kann alle Arten von Yoga-übungen machen, und doch bleibt er ein Lotus, er kann keine Rose werden. Eine Rose ist eine Rose, und ein Lotus ist ein Lotus. Der Lotus ist schön, auch die Rose ist schön, da herrscht keine Verwirrung, denn die Rose ist völlig zufrieden damit, eine Rose zu sein, und auch der Lotus ist völlig zufrieden damit, ein Lotus zu sein. Nur der Mensch ist unglücklich.

Das einzige Wesen auf Erden, das unglücklich ist, ist der Mensch, denn er ist nicht zufrieden damit, er selbst zu sein. Er möchte etwas anderes werden. Wir sind mit diesem Gift erzogen worden: „Werde!" Wir sind von der Gesellschaft, von der Kirche, von den Eltern, von den Lehrern angetrieben worden: „Werde!" Keiner sagt zu uns: „Sei!" Und wenn du jemanden finden kannst, der zu dir sagt: „Sei!", so ist das ein Mensch, auf den du hören sollst, ein wahrer Meister, denn er gibt dir das mit, was allem zugrunde liegt. Durch diese Vision wirst du dich entspannen können, und in der Entspannung liegt Klarheit.

YOGA UND ENTSPANNUNG

Das Wort „Yoga" ist sehr bedeutungsvoll. Es meint „zusammenkommen". Wenn ein Mann und eine Frau sich begegnen, ist das ein Yoga – sie kommen zusammen, sie kommen sich sehr nahe, sie beginnen sich zu überschneiden, und dann verschwinden sie ineinander. Dann haben sie keine Zentren mehr. Der Konflikt der Gegensätze ist verschwunden, und höchste Entspannung ist da. Zwischen einem Mann und einer Frau geschieht diese Entspannung nur zeitweilig. Sie kann jedoch mit allem geschehen, mit dem Ganzen, zeitlich uneingeschränkt. Sie kann auf ewig geschehen. In der Liebe hast du nur einen Tropfen dieser Ekstase. In der Ekstase hast du das ganze Meer von Liebe.

ES GIBT KEIN ZIEL

In tiefer Meditation kann dir bewusst werden, dass es kein Ziel gibt und alles Bewegen nichtig ist. Wenn es kein Ziel gibt, ist es nicht nötig, sich zu bewegen, da alle Bewegung Ziel gerichtet ist. Beides geht zusammen. Wenn das Ziel aus deinem Kopf verschwindet, wirst du merken, wie du langsamer wirst, im Körper wie im Geist. Eine tiefe Entspannung wird sich ausbreiten. Das ist eine der schönsten Erfahrungen.

Meditation ist in Wirklichkeit dafür da, dich in dieses

völlige Stillsein zu führen, wo du erstmals nicht mehr von irgendeinem Begehren, von irgendeinem Ehrgeiz, von irgendeiner Sehnsucht bewegt wirst.

HÖR AUF ZU DRÄNGELN

Beobachte einfach. Es gibt Dinge, die man verpasst, wenn man drängt. Versuche nie, den Fluss zu lenken oder gegen die Strömung zu schwimmen. Der Fluss fließt von sich aus zum Meer. Sei ein Teil von ihm, nimm teil an seiner Reise. Er wird dich zum Höchsten führen. Gehe entspannt, tanzend und singend zu Gott. Es bedarf keiner Anstrengung. Warum nicht? Weil Gott unsere uns innewohnende Natur ist. Wir sind schon Gott. Wenn wir uns entspannen, werden wir es wissen; wenn wir uns nicht entspannen, werden wir es nicht wissen. Entspannung ist die Tür zu jener großen Erkenntnis, zur Erleuchtung.

ES IST, WIE ES IST

Schaue gut hin. Bist du bewusst, während du gehst, oder ist das Gehen bloß ein mechanischer Prozess, etwas Roboterhaftes? Du wirst überrascht den Unterschied feststellen. Versuche einmal, bewusst ein paar Schritte zu gehen, und du wirst den Unterschied erkennen und die

Schönheit, die Freude und die Entspannung beim bewussten Gehen spüren. Dein ganzer Körper ist im Einklang mit der Existenz. Bewusstheit schlägt eine Brücke zwischen dir und der Existenz. Unbewusstheit schließt dich in dir selbst ein. Ein Erleuchteter hat gelernt, dass zwei und zwei vier sind. Da kommt keine Rastlosigkeit auf. In den Dingen, so wie sie sind, liegt in Wirklichkeit sehr viel Erholung und Entspannung. Ein Erleuchteter hat keine Erwartung, dass etwas anders sein sollte, als es ist. So, wie es ist, ist es gut; er ist in völliger Harmonie damit. Dieser Gleichklang mit der Existenz, so wie sie ist, ist die größte Segnung für den Menschen.

IN DER MITTE SEIN

Ein Mensch, der seinen innersten Kern erreicht hat, wird ein Magnet, denn er ist nun im Zentrum, und du bist an der Peripherie. Er hat alle Schwerkraft für sich. Wenn du dich nur ein wenig entspannst ... denn du klammerst dich an der Peripherie fest. Ein wenig Entspannung, und du wirst hineingezogen.

ERLEUCHTUNG IST GANZ ANDERS

Erleuchtung ist anders als alles im Leben, was dir vertraut ist – sie ist völlig anders als alles, was du kennst oder je kennen wirst. Sie ist einzigartig in dem Sinn, dass es in der ganzen Existenz nichts Vergleichbares gibt. Sie ist sie selbst, sie kann mit nichts verglichen werden. Sie hat nur sich selbst zum Vergleich. Das Problem besteht darin, deine Hypnose aufzugeben, deine Konditionierung abzulegen. Schau genau hin. Nimm wahr, wie sie dich quält, wie sie dich Tag für Tag unglücklicher macht, wie sie Schranken zwischen dir und dem aufrichtet, was ist. Schaue immer wieder genau hin!

Es braucht keine andere aktive Methode, nur die Einsicht, dass dein Kopf eine Maschinerie zur Erzeugung von Unglück ist, dass er nur Elend erzeugt und nichts anderes. Sobald du das einmal durchschaust, wird diese Einsicht zur Transformation. Dann wendest du dich nach innen. Du lässt den Verstand fahren, oder er hört ganz von selbst auf, denn du hast seine Nichtigkeit erkannt.

Wenn der Verstand nur einen einzigen Augenblick nicht da ist, ist Erleuchtung da. Zu Beginn wird sie nur kurze Momente da sein, doch diese Momente sind von Ewigkeit. Langsam, langsam werden mehr und mehr solcher Momente kommen, denn du wirst mehr und mehr zum Gastgeber. Und eines Tages verschwinden der Gast und der Gastgeber – dann verlässt dich die Erleuchtung nie mehr. Äußerlich bleibst du derselbe wie früher, du gehst deiner Arbeit nach, hackst Holz und holst Wasser vom Brunnen. Du bleibst äußerlich derselbe, und doch ist nichts mehr so wie vorher. Ich lehre euch diese Entspannung. Ich lehre euch den Weg des Nicht-Tuns. Ich lehre euch keine mühevollen Anstrengungen, denn sie befriedigen alle nur euer Ego. Keine Anstrengung kann dir helfen, erleuchtet zu werden. Sie lenkt dich bloß ab. Nur eine mühelose Stille hilft dir weiter.

WERDET ERLEUCHTET, ABER VERSUCHT NICHT, ERLEUCHTET ZU WERDEN

Millionen von Menschen sind Buddha gefolgt. Sie haben nichts verstanden. Wenn sie verstanden hätten, wären sie Buddhas geworden, nicht Anhänger. Wenn ihr mit mir seid, müsst ihr euch dessen erinnern. Werdet erleuchtet! Aber versucht nicht, erleuchtet zu werden. Es zu versuchen bringt nichts.

Ich bin nicht hier, um euch anzuleiten. Ich bin hier, um euch alle Führung wegzunehmen. Ich bin nicht da, um euch in eine andere Welt zu führen. Ich bin da, um euch bewusst zu machen, dass man nirgendwo hingehen muss und niemand da ist, der euch führt und auch keiner, der geführt werden müsste. Wenn man das einsieht, sprudelt ein Lachen hoch, und dieses Lachen ist Erleuchtung. Wenn man das einsieht, entspannt man sich – diese Entspannung ist Erleuchtung.

Der Tod löst alle Grenzen auf

... er sieht schön aus, still. Nicht dass er still gestorben wäre, nicht dass er einen schönen Tod gehabt hätte – nur selten stirbt jemand auf schöne Weise. Neunundneunzig Prozent der Leute mühen sich schrecklich ab, es kommt zum Kampf und zu sehr viel Stress.

Rufe dir in Erinnerung, wie schon eine kleine Ameise, die über deinen Körper krabbelt, oder ein kleiner Dorn in deinem Fuß dein Wohlsein beeinträchtigt. Ein bisschen Kopfweh, ein leicht verdorbener Magen, und schon machst du dir große Sorgen. Und jetzt stelle dir vor, wie es ist, wenn Körper und Seele voneinander getrennt werden. Du hast dich so sehr mit dem Körper befasst, du hast völlig vergessen, dass du eine Seele bist – und jetzt wirst du geteilt! Du hältst dich fest, du verlässt deinen angestammten Körper nur widerstrebend, nur mit sehr viel Mühe. Du kämpfst, du strampelst, du weinst. Aber niemand sieht es, es ist etwas in dir drin, nur du kannst es sehen. Du kannst nicht einmal etwas sagen. Du stirbst im Elend. Nur sehr wenige Menschen sterben glückselig.

Wenn der Tod glückselig ist, wird er ein *Samadhi*. Wenn das Sterben eine Entspannung ist, eine wirkliche Entspannung, gibst du dich tief in dir hin, heißt du den Tod willkommen. Du hast das Leben kennen gelernt, jetzt möchtest du auch den Tod kennenlernen. Du hast das Leben gelebt, du hast es genossen. Ein großes Vertrauen ins Leben ist in dir gewachsen – und du weißt, dass der Tod der Höhepunkt des Lebens ist, sein Crescendo. Er muss schön sein! Wenn die ganze Reise so schön gewesen ist, warum nicht auch das Ziel? Es gibt keinen Grund zur Angst. Wenn die ganze Reise so ungeheuer viel Freude gebracht hat, wieso nicht auch ihr Ende? Es ist ihr Höhepunkt. Du bist heimgekehrt. Du heißt den Tod willkommen, du bist bereit, ihn zu umarmen. Du entspannst dich und gleitest sachte in den Tod. Und das ist der Augenblick!

Wenn du ohne jedes Kämpfen sterben kannst, stirbst du nicht – und du wirst nie mehr wiedergeboren. Du bist einfach nur aus den Begrenzungen des Körpers, aus der Welt geschlüpft. Du lebst – du lebst ewig. Doch dann lebst du als eine unverkörperte Existenz, grenzenlos, uneingeschränkt.

Der Körper gibt dir eine Begrenzung. Der Tod nimmt alle Grenzen von dir fort. Der Körper gibt dir eine Definition, macht dich zu einem Mann oder zu einer Frau, macht dich hässlich oder schön, macht dich intelligent oder einfältig, macht dich dies und jenes – der Körper gibt dir Begrenzung. Der Tod nimmt jegliche Definitionen. Er lässt das Leben undefiniert.

Undefiniertes Leben ist, was Gott ist. Doch um diesen Tod zu kennen, musst du zuallererst das Leben kennen.

DER TOD IST NICHT GEGEN DAS LEBEN

Der Tod ist so schön wie das Leben, sofern du weißt, wie du mit dem Tod kommunizieren musst. Er ist schön, denn er ist höchste Entspannung. Er ist schön, denn ein Mensch ist in den Urgrund der Existenz zurückgefallen – um sich zu entspannen, um sich auszuruhen, um sich für eine Wiederkehr bereit zu machen.

Wenn dein Mann stirbt, wenn deine Frau stirbt, so sei ihnen nahe. Spüre den Herzschlag eines sterbenden Freundes, eines Geliebten, eines geliebten Menschen – mache dir diese Erfahrung zu Eigen. Und wenn du allmählich den Tod in seinen vielen Aspekten kennen gelernt hast, wirst du ihn als einen Freund erkennen, nicht als einen Feind – als ein großes Ausruhen und Sich-Entspannen. Der Tod ist nicht gegen das Leben. Nur dank dem Tod ist Leben möglich, ohne den Tod gäbe es kein Leben.

LEBEN UND TOD SIND DIE BEIDEN SEITEN DES DASEINS

Immer wenn dein Atem ausströmt, wirst du ruhiger, und immer wenn dein Atem einströmt, spannst du dich an – denn der ausströmende Atem ist wie der Tod, und der einströmende Atem ist wie das Leben. Anspannung gehört zum Leben, nicht zum Tod. Entspannung gehört zum Tod; Tod bedeutet totale Entspannung.

Das Leben kann nicht total entspannt sein, das ist unmöglich. Leben bedeutet Anspannung, Anstrengung. Nur der Tod ist entspannt. Immer wenn jemand sich absolut entspannt, ist er beides – äußerlich lebendig und innerlich tot. Am Gesicht eines Buddhas könnt ihr beides zugleich ablesen: Leben und Tod. Darum ist darin so viel Stille und Gelassenheit; sie gehören zum Tod. Leben ist nicht Entspanntheit. Ihr entspannt euch nur in der Nacht, im Schlaf. Darum sagen die alten Traditionen, Tod und Schlaf seien sich ähnlich.

Der Schlaf ist ein zeitweiliger Tod, und der Tod ist ein immer während Schlaf. Darum vermag euch die Nacht zu entspannen, sie ist wie der ausströmende Atem. Der Morgen ist wie der einströmende Atem. Der Tag bringt euch Anspannung und die Nacht entspannt euch. Das Licht macht euch angespannt und das Dunkel entspannt euch. Darum könnt ihr bei Licht nicht schlafen. Es fällt schwer, sich dabei zu entspannen, weil das Licht dem Leben gleicht – es ist gegen den Tod. Das Dunkel gleicht dem Tod – es ist für den Tod.

Die Dunkelheit birgt also eine tiefe Entspannung, und wer Angst hat vor der Dunkelheit, kann sich nicht entspannen. Es ist unmöglich, weil Entspannung immer dunkel ist.

Dein Leben ist auf beiden Seiten von Dunkelheit umgeben: Bevor du geboren wirst, bist du im Dunkel, und wenn das Leben endet, bist du wieder im Dunkel. Das

Dunkel ist unendlich. Dieses Licht und dieses Leben sind darin nur ein kurzer Augenblick, nur eine Welle, die aufsteigt und wieder zurückfällt. Wenn du der Dunkelheit gewahr wirst, die dich an beiden Enden umfängt, kannst du dich hier und jetzt entspannen.

Leben und Tod sind die beiden Seiten des Daseins. Der einströmende Atem ist das Leben, der ausströmende Atem ist der Tod. Es ist nicht so, dass du irgendwann eines Tages sterben wirst; du stirbst mit jedem Atemzug. Deswegen haben die Hindus das Leben in Atemzügen gemessen; sie zählen das Leben nicht in Jahren.

Tantra, Yoga, alle diese alten indischen Systeme zählen das Leben in Atemzügen – wie viele Atemzüge du leben wirst. Darum sagen sie auch: Wenn du sehr schnell atmest, wenn zu viele Atemzüge in kurzer Zeit machst, stirbst du früher. Wenn du ganz langsam atmest und in einer bestimmten Zeit weniger Atemzüge machst, wirst du sehr lange leben. Und genauso ist es.

Nur der Tod ist entspannt. Wenn also jemand völlig entspannt ist, ist er beides – äußerlich lebendig und innerlich tot. Im Gesicht eines Buddhas kannst du zugleich Leben und Tod erblicken. Deshalb strahlt es so viel Stille und Ruhe aus: Sie sind ein Ausdruck des Todes.

Ein religiöser Mensch verliert die Angst vor dem Tod. Er geht darüber hinaus, denn er weiß jetzt, dass er nicht ist, sondern dass nur das Ganze ist. Wie kann da Furcht aufkommen? Selbst der Tod wird eine Kommunion, ein Zusammenfinden. Er löst nicht auf, er verschmilzt. Er ist nicht gegen dich, er bringt dir vielmehr eine tiefe Entspannung. Das Leben ist so voller Spannung und Sorgen. Der Tod dagegen ist schön: Du bewegst dich in eine tiefe Entspannung, du gehst wieder zur Quelle zurück.

Die Welle wird sich wieder erheben, doch für den Moment hat sie sich gelegt, ist sie in den Ozean zurükkgekehrt, um sich auszuruhen. Der Tod ist ein tiefes Ausruhen. Und vor einer neuen Geburt ist diese Ruhepause notwendig.

Über Osho

OSHOS LEHREN widerstehen jeglicher Kategorisierung, sie reichen von der persönlichen Sinnsuche bis hin zu den dringendsten sozialen und politischen Fragen, mit denen die Welt heute konfrontiert ist. Seine Bücher wurden aus zahllosen Tonband- und Videoaufnahmen transkribiert. Er hat über einen Zeitraum von 35 Jahren vor einer internationalen Zuhörerschaft stets aus dem Stegreif gesprochen. Er sagte: „Denkt daran, was immer ich sage, ist nicht nur für euch … ich spreche auch für die kommenden Generationen."

DER LONDONER *Sunday Times* zufolge zählt Osho zu den „1000 Machern des 20. Jahrhunderts"; der amerikanische Romanautor Tom Robbins hat ihn einmal „den gefährlichsten Mann seit Jesus Christus" genannt. *Sunday Mid-Day* (Indien) hat Osho als einen der zehn Menschen bestimmt, die das Schicksal Indiens verändert haben – wie Gandhi, Nehru und Buddha.

OSHO SELBST beschreibt sein Werk als „Beitrag, die Voraussetzungen für die Entstehung einer neuen menschlichen Lebensweise zu schaffen". Diesen neuen Typus hat er immer wieder als „Sorbas der Buddha" umschrieben – also einen Menschen, der nicht nur wie Sorbas der

Grieche die irdischen Freuden zu schätzen weiß, sondern ebenso sehr die stille Heiterkeit eines Gautam Buddha.

WIE EIN ROTER FADEN zieht sich durch alle Aspekte von Oshos Arbeit die Vision einer Verschmelzung der zeitlosen Weisheit des Ostens mit den höchsten Potenzialen westlicher Wissenschaft und Technik. Vor allem seine revolutionären Ansätze zur Wissenschaft der inneren Transformation haben Osho berühmt gemacht. Seine innovativen „aktiven Meditationen" basieren auf dem Gedanken, dass erst der in Körper und Geist angesammelte Stress abgebaut werden muss, um, frei von Gedanken und entspannt, einen meditativen Zustand zu erfahren.

www.osho.com

Aus der gleichen Reihe

Beziehungsdrama oder
Liebesabenteuer
ISBN 978-3-936360-81-3

Tantra, Spiritualität und Sex
ISBN 978-3-936360-75-2

Tod – der Höhepunkt des Lebens
ISBN 978-3-936360-82-0